Alonzo T. Jones

A LEI
DOMINICAL
NACIONAL

O Argumento de A. T. Jones
Perante a Comissão do Senado Americano,
Dezembro de 1888

Adventist Pioneer Library

Título do original em inglês: *The National Sunday Law*

Publicado originalmente na revista adventista *The American Sentinel*, 1889.

© 2017 ADVENTIST PIONEER LIBRARY

37457 Jasper Lowell Rd

Jasper, Oregon, 97438, USA

+1 (877) 585-1111

www.APLib.org

www.EditoraDosPioneiros.com.br

Apoio: CENTRO DE PESQUISAS ELLEN G. WHITE – BRASIL

Tradução: Walter Quiaper

Revisão e editoração: Uriel Vidal e Neumar de Lima

Janeiro, 2017

ISBN: 978-1-61455-031-0

Alonzo T. Jones

A LEI
DOMINICAL
NACIONAL

O Argumento de A. T. Jones
Perante a Comissão do Senado Americano,
Dezembro de 1888

Adventist Pioneer Library

Alonzo Trévier Jones (1850-1923)

ÍNDICE

Introdução

Este documento apresenta o relatório da argumentação feita contra o projeto de lei dominical proposto pelo Senador Blair no 50º Congresso dos Estados Unidos da América. Ele não é, entretanto, exatamente o raciocínio exposto perante a Comissão do Senado. Houve tantas interrupções durante meu discurso que foi impossível apresentar um raciocínio sequencial sobre um único ponto. Devido aos muitos questionamentos, minha exposição acabou assumindo um âmbito mais amplo do que eu pretendia quando comecei a falar. Além disso, fui impedido de apresentar de forma objetiva e direta a defesa que havia planejado. Não me refiro a essas interrupções e contra-argumentos com o objetivo de me queixar, mas apenas para explicar a razão de publicar este livreto. De qualquer forma, o fato é que houve 18 discursos antes do meu com duração total de três horas e somente 189 perguntas e contra-argumentos apresentados por todos os membros da Comissão presentes, ao passo que minha defesa de *90 minutos* foi interrompida *169 vezes* apenas pelo presidente da comissão, como pode ser visto no relatório oficial da audiência (*Quinquagésimo Congresso, Segunda Sessão, Mensagens e Documentos* Nº 43, p. 73-102).

Uma lei dominical nacional é questão de interesse nacional. Embora seja verdade que o projeto de lei de descanso dominical não tenha se concretizado em lei, e sua legislação tenha se extinguido ao término do 50º congresso, também é verdade que aqueles que trabalharam para a introdução e promulgação dessa lei estão agora traçando novos planos para que outro projeto de lei dominical nacional seja apresentado no 51º Congresso, e farão tudo que estiver ao seu alcance para garantir sua sanção como lei. A ampliada abordagem dada ao tema através das perguntas que a Comissão do Senado me fez abriu caminho para um exaustivo tratamento da questão. Uma vez que essas questões foram levantadas pelos senadores dos Estados Unidos da América – homens responsáveis por interesses nacionais –, é evidente que uma circulação mais ampla desse assunto não está fora de contexto. O assunto é digno de cuidadosa atenção por parte de todo o povo americano. Os princípios da Constituição Americana, a correta relação entre religião e estado, a distinção entre leis morais e civis, os inalienáveis direitos civis e religiosos de todos, esses são temas que jamais deveriam se tornar secundários na mente de qualquer cidadão americano.

Um eminente jurista americano mencionou com razão que, num governo democrático, "não há segurança alguma a menos que se tenha uma opinião pública esclarecida, baseada no discernimento individual". Provisões constitucionais contra a invasão do poder religioso sobre o poder civil só serão salvaguardas se o discernimento das pessoas reconhecer a verdade de que aquele que permite qualquer legislação em nome da religião ou de observâncias religiosas, mesmo que creia nelas, está renunciando à sua própria liberdade religiosa.

Na ampliação que ora faço ao tema apresentado na audiência original, o significado ou intenção de qualquer afirmação não foi alterado de forma alguma. O debate é submetido ao povo americano com a esperança sincera de que darão profunda consideração aos princípios envolvidos. As posições assumidas irão resistir aos mais rígidos testes de qualquer forma de crítica justa.

O projeto de lei proposto pelo Senador Blair, sobre o qual foi embasada a discussão, é o seguinte:

"50º CONGRESSO
1ª Sessão. } S. 2983.

"No Senado dos Estados Unidos, em 21 de maio de 1888, o Sr. Blair apresentou o seguinte projeto de lei, lido duas vezes e encaminhado para a Comissão de Educação e Trabalho:

"Um projeto de lei que garanta ao povo desfrutar do primeiro dia da semana, comumente conhecido como o dia do Senhor, como dia de descanso, e promova sua observância como dia de culto religioso.

"Que seja decretado pelo Senado e pela Câmara dos Deputados que nenhuma pessoa ou corporação, ou agente, servidor ou empregado de qualquer pessoa ou corporação exercerá ou autorizará a execução de qualquer trabalho secular, empreendimento ou negócios para a perturbação de outros, com exceção de obras de necessidade, de misericórdia e humanitárias. Nenhuma pessoa deverá se envolver em qualquer tipo de brincadeiras, jogos, diversões ou recreações para a perturbação de outros no primeiro dia da semana, comumente conhecido como o dia do Senhor, ou durante qualquer parte dele, em qualquer território, distrito, embarcação ou lugar sujeito à exclusiva jurisdição dos Estados Unidos. Não deverá ser permitido a qualquer pessoa ou empresa receber pagamentos por trabalhos ou serviços realizados ou prestados em violação a esta seção.

"Seção 2. Nenhuma correspondência ou material de correio deverá ser doravante transportada em tempo de paz por qualquer rota postal terrestre; nenhuma entrega postal deverá ser recebida, classificada, manuseada ou entregue durante qualquer parte do primeiro dia da semana, *exceto* nos casos em que alguma carta estiver relacionada com obras de necessidade, misericórdia ou referente a questões de saúde, vida ou falecimento de qualquer pessoa. Nessas circunstâncias, a justificativa deverá estar claramente expressa no exterior do envelope, e o chefe dos correios deverá providenciar o transporte de tal carta.

"Seção 3. Que a atividade de comércio entre os Estados e com as tribos indígenas, não sendo obras de necessidade, misericórdia ou humanitárias, mediante transporte de bens ou pessoas por terra ou água, passíveis de perturbar o povo de desfrutar o primeiro dia da semana, ou qualquer parte dele, como dia de descanso do trabalho, exceção feita às obras de necessidade, misericórdia ou humanitárias, ou de interferir em sua observância como dia de culto religioso, seja proibida. E qualquer pessoa ou empresa, ou o agente ou empregado de qualquer pessoa ou corporação, que intencionalmente violar esta seção, será punido com multa de no mínimo dez dólares e no máximo mil dólares, e qualquer trabalho exercido na atividade de tal comércio proibido será considerado ilegal, e nenhuma compensação financeira será reavida ou paga pelo mesmo.

"Seção 4. Que sejam proibidos, no primeiro dia da semana, todos os exercícios militares e navais, inspeções e desfiles, fora do tempo de serviço ativo ou de imediata preparação para ele, realizados por soldados, marinheiros, fuzileiros navais ou cadetes dos Estados Unidos, exceto convocações destinadas a garantir a observância devida e ordenada de serviços religiosos. Nenhum tipo de trabalho desnecessário será realizado ou permitido no serviço militar ou naval dos Estados Unidos no dia do Senhor.

"Seção 5. Será considerado ilegal pagar ou receber pagamento ou salários de qualquer forma por serviço prestado, ou trabalho realizado, ou pelo transporte de pessoas ou bens em violação às disposições desta lei, e não haverá qualquer ação para a recuperação dos mesmos, e caso sejam pagos, quer antecipadamente ou de outra maneira, o valor poderá ser recuperado por qualquer pessoa que primeiramente entrar com ação judicial pelo mesmo.

"Seção 6. Que não seja considerada violação desta lei o trabalho ou serviço realizado ou prestado no primeiro dia da semana em consequência de acidente, desastre ou atrasos inevitáveis durante as conexões regulares em rotas postais e rotas de viagem ou transporte, bem como a preservação de produtos perecíveis ou expostos, o transporte e entrega regular e necessário de artigos de alimentação em condição de uso saudável, o transporte para distâncias curtas de um Estado, distrito ou Território para outro Estado, distrito ou Território, que por leis locais seja declarado como necessário para o bem público. Tais serviços, porém, devem ser interpretados da melhor forma possível a fim de assegurar a todas as pessoas o descanso merecido do trabalho durante o primeiro dia da semana, seu desenvolvimento mental, moral, cultural e a observância religiosa do dia de repouso."

O Rev. Dr. A. H. Lewis, representante dos batistas do sétimo dia, havia falado e solicitado que uma seção fosse acrescentada ao projeto de lei, concedendo isenção aos observadores do sétimo dia; no entanto, ao responder às questões que foram formuladas pelo presidente da comissão, o Dr. Lewis comprometeu sua posição e foi seguido imediatamente pelo Dr. Herrick Johnson, de Chicago, que observou que o Dr. Lewis tinha "lançado por terra todo o seu caso". É a isso que me refiro em minhas observações introdutórias com o objetivo de mostrar que não era nossa intenção "lançar por terra *nosso* caso".

A.T.J.

Índice de Tópicos

A Lei Dominical Nacional

Defesa de Alonzo T. Jones
Perante a Comissão do Senado, Washington, D.C

Senador Blair – Existem alguns cavalheiros presentes contrários ao projeto de lei e gostariam de ser ouvidos. O Prof. Alonzo T. Jones, do Colégio de Battle Creek, Michigan, é um dos que conversaram comigo quanto a isso. Você gostaria de apresentar-nos, Prof. Jones, qual é a sua petição? Não tenho dúvidas de que nós podemos obter permissão do Senado para explanar o assunto durante a sessão de hoje. Queremos muito seguir em frente com esta audiência e completá-la agora. Como poderíamos fazer um arranjo para adaptar-se às suas conveniências? Primeiro, declare, por favor, quem você representa e as razões que o levaram a desejar ser ouvido.

Sr. Jones – Sr. presidente, eu represento as pessoas conhecidas como adventistas do sétimo dia. E a verdade é que temos sido completamente ignorados pelo outro lado. A pequeníssima *"seita"*, como eles declararam, dos batistas do sétimo dia, foi reconhecida, mas temos três vezes mais membros do que eles e uma influência muitas vezes maior mediante o trabalho que realizamos. Temos organizações em cada Estado e Território do país. Temos a maior casa publicadora de Michigan, a maior casa publicadora de toda a Costa do Pacífico; o maior sanatório do mundo, uma faculdade na Califórnia e outra em Michigan, um colégio de Ensino Médio em Massachusetts, um estabelecimento gráfico em Basel, Suíça, outro em Christiana, Noruega, e um em Melbourne, Austrália. Nosso trabalho missionário tem crescido de tal forma que já alcançou a maior parte da Europa, e se estende rapidamente ao redor do mundo. Desejamos uma audiência com o consentimento da Comissão.

Senador Blair – Onde você reside?

Sr. Jones – Atualmente em Michigan; porém, minha casa nos últimos quatro anos tem sido na Califórnia. Presentemente, sou professor de História no Colégio de Battle Creek, Michigan. Para ser justo comigo mesmo, e também em nome do grupo que represento, devo dizer que discordamos quase totalmente, ou melhor dizendo, totalmente, em relação à posição tomada pelo representante dos batistas do sétimo dia. No exato momento em que o Dr. Lewis declarou sua posição aqui, percebi que ele havia "lançado por terra seu caso". Nós não lançamos por terra nosso caso, senhores senadores, nem esperamos lançá-lo. Esperamos ir mais fundo nesse assunto do que qualquer outro que já se apresentou nessa audiência, tanto em relação aos princípios quanto aos fatos e à lógica dos fatos.

Senador Blair – Esse assunto é bem familiar a você. Afinal, você é um professor de história. Você não gostaria de continuar esta tarde?

Sr. Jones – Sim, se puder ter um pequeno espaço de tempo até a tarde para organizar meus materiais. Tenho algumas referências que gostaria de ler e que não trouxe comigo nesta manhã.

Senador Blair – Muito bem!

DEFESA

Senador Blair – Você tem uma hora, professor. Agora são 13:30h.

Sr. Jones – Eu gostaria de conduzir minha defesa em três linhas específicas de raciocínio: a primeira trata-se dos princípios em que nos firmamos; a segunda tem que ver com a visão histórica, e a terceira lida com o aspecto prático da questão.

O princípio sobre o qual estamos pautados é que o governo civil é civil, e nada tem que ver, no que diz respeito à legislação, com observâncias religiosas de qualquer tipo. A base para essa afirmação encontra-se nas palavras de Jesus Cristo em Mateus 22:21. Quando os fariseus perguntaram a Jesus se era lícito pagar tributo a César ou não, Ele respondeu: "Dai a César o que é de César, e dai a Deus o que é de Deus".

Com essa abordagem, o Salvador certamente separou o que pertence a César daquilo que pertence a Deus. Não devemos dar a César o que pertence a Deus. Não devemos dar a Deus por meio de César aquilo que pertence a Deus.

Senador Blair – Será que não pode pertencer também a Deus aquilo que pertence a César?

Sr. Jones – Não, senhor. Se fosse assim, então o Salvador Se emaranhou em Suas palavras, e isso era exatamente o que os fariseus queriam. O registro bíblico diz que eles procuravam "como enredar Jesus em Seu discurso". Após ter estabelecido a distinção entre o que pertence a César e o que pertence a Deus, se fosse verdade que as mesmas coisas pertencem a ambos, Ele teria então caído em contradição, e onde estaria a força de Suas palavras ao nos ordenar dar a César o que pertence a César e a Deus o que é de Deus?

Senador Blair – Não é uma ordem de Deus que entreguemos a César o que pertence a César?

Sr. Jones – Sim.

Senador Blair – Se César é a *sociedade*, e o dia de repouso é necessário para o bem da sociedade, será que Deus não exige que estabeleçamos o dia de repouso para o bem da sociedade? E se a sociedade faz uma lei em decorrência disso, não seria essa lei obrigatória?

Sr. Jones – É para o bem da sociedade que todos sejam cristãos, mas não é da responsabilidade do Estado fazer com que as pessoas se tornem cristãs. Se o Estado assumisse essa incumbência, isso certamente não seria um benefício para a sociedade; nunca foi e nunca poderá ser.

Senador Blair – Você não está confundindo o assunto? Uma coisa pode ser necessária para o bem da sociedade, e, por essa mesma razão, estar de acordo com a vontade e o mandamento de Deus. Deus dá Suas ordens para o bem da sociedade, não é mesmo? Deus não nos dá mandamentos que não tenham nenhuma relação com o bem da sociedade.

Sr. Jones – Seus mandamentos são para o bem do homem.

Senador Blair – O homem é a sociedade. Ela é composta de indivíduos.

Sr. Jones – Mas dentre as coisas que Deus ordenou ao ser humano para o bem de cada pessoa, há aquelas que dizem respeito unicamente ao relacionamento do homem para com seu Deus. Ele também ordenou coisas que se referem ao relacionamento dos homens para com seus semelhantes. No que se relaciona ao nosso dever para com nossos semelhantes, o governo civil pode ter algo que ver.

Senador Blair – O homem estaria obedecendo a Deus ao obedecer à sociedade civil.

Sr. Jones – Eu vou chegar a esse ponto. Nas coisas que pertencem ao nosso dever para com Deus, como o direito de cada indivíduo de servir a Deus segundo os ditames de sua própria consciência, a sociedade não pode em nada se interferir; mas na formação da sociedade civil, há certos direitos que foram concedidos à sociedade pelo indivíduo, sem os quais a sociedade não poderia ser organizada.

Senador Blair – Isso não procede! Quando foi elaborada esta doutrina de um pacto na sociedade? Essa é a filosofia de um incrédulo.

Sr. Jones – Ela é elaborada onde quer que os homens vivam em conjunto.

Senador Blair – Será que eu e você algum dia já concordamos com ela? Será que ela nos sujeitou antes que tivéssemos juízo?

Sr. Jones – Certamente. O governo civil é uma ordenança de Deus.

Senador Blair – Então, será que se pode dizer que se trata necessariamente de um acordo humano?

Sr. Jones – Sim, senhor, visto que ele emana do povo.

Senador Blair – Com relação a essa doutrina em questão, de um pacto na sociedade, não se pode admitir que uma sociedade seja formada com base apenas em acordo pessoal e individual. A sociedade existe completamente independente da vontade daqueles que a compõem. Todavia, eu não o interromperei mais. Eu só o fiz devido a nossa conversa particular, em que pensei que você estava construindo sua proposta fundamental sobre uma falácia que seria mantida durante todo o curso de sua argumentação. Só quis sugerir outro fundamento e nada mais.

Sr. Jones – Penso que a afirmação da Declaração da Independência seja verdadeira ao afirmar que os "governos derivam seu justo poder do consenso dos governados".

Senador Blair – Eu não sou contra essa afirmação.

Sr. Jones – Entre todos os homens no mundo, os americanos deveriam ser os últimos a negar a teoria do pacto social nos governos civis. A bordo do navio "Mayflower", antes de os Pais Peregrinos chegarem a essas praias, as seguintes palavras estavam registradas:

> "Em nome de Deus, amém. Nós, cujos nomes estão aqui subscritos, súditos leais de nosso venerável soberano, o senhor Rei Jaime, pela graça de Deus, da Grã-Bretanha, da França e Irlanda, rei, defensor da fé, etc., tendo empreendido para a glória de Deus e avanço da fé cristã, e para honra do nosso rei e país, uma viagem para implantar a primeira colônia na região norte da Virginia, *estabelecemos mediante todos aqui presentes, solene e mutuamente,* na presença de Deus e uns dos outros, *um pacto, e nos unimos num corpo civil político,* para a nossa melhor organização, preservação e promoção dos fins acima referidos. E por meio deste instrumento, promulgamos, constituímos e formulamos estas leis justas e igualitárias, ordenanças, atos, constituições e oficiais, de tempos em tempos, conforme se mostrarem mais adequados e convenientes para o bem comum da colônia, e a tudo isso prometemos nossa devida submissão e obediência. Como testemunho de que subscrevemos nossos nomes em Cape Cod, no décimo primeiro dia de novembro, no reino de nosso soberano senhor, Rei Jaime, o décimo oitavo da Inglaterra, França e Irlanda e o quinquagésimo quarto da Escócia. *Anno Domini,* 1620."

O próximo registro americano é o das leis fundamentais de Connecticut, 1638-39, e o lemos como segue:

> "Visto que aprouve ao Deus Todo-Poderoso pela sábia disposição de Sua divina prudência, ordenar e dispor as coisas para que nós, habitantes e residentes de Windsor, Harteford e Wethersfield, estivéssemos agora convivendo e habitando próximos ao rio de Connecticut e em suas terras adjacentes; e sabendo bem que, onde há um povo reunido, a Palavra de Deus requer, para que se mantenha a paz e a união de tais pessoas, que haja um governo ordeiro e decente estabelecido de acordo com Deus, para ordenar e dispor dos assuntos do povo em todos os tempos, conforme requeira a ocasião, *nós, portanto, nos associamos e nos unimos para sermos um Estado público ou comunidade*, e assim o fazemos para nós mesmos, nossos sucessores e tantos quantos doravante vierem a se unir a nós em qualquer tempo, ou entrarem em confederação conosco, etc."

Além disso, senhor, a primeira constituição do seu próprio Estado – 1784 –, em sua Declaração de Direitos, afirma:

> "I – Todos os homens nascem igualmente livres e independentes; portanto, todo governo de direito se origina do povo, *é fundado por consentimento* e instituído para o bem geral.

> "III – Quando os homens entram em estado de sociedade, sujeitam parte de seus direitos naturais àquela sociedade, a fim de garantir a proteção de outros. Sem essa equivalência, tal sujeição se torna nula.

> "IV – Entre os direitos naturais, alguns deles são por sua própria natureza inalienáveis, pois não é possível receber nenhum direito equivalente por eles. Dessa espécie são os direitos de consciência."

E na parte 2 da mesma Constituição, abaixo da seção "Forma de Governo", há estas palavras:

> "As pessoas que habitam o território outrora chamado de província de New Hampshire, *solene e mutuamente, concordam entre si* em formar um corpo político livre, soberano e independente com o nome de Estado de New Hampshire."

Na Constituição de New Hampshire, datada de 1792, esses artigos foram repetidos palavra por palavra. Ali permanecem sem alteração de uma letra sequer, sob a ratificação de 1852 e também a de 1877. Consequentemente, senhor, o próprio Estado que o envia para este capitólio está fundado sobre a teoria que o senhor nega aqui. Essa é a doutrina da Declaração de Independência; essa é a doutrina das Escrituras, e, assim sendo, nós a mantemos como eterna verdade.

Esses sólidos e genuínos princípios americanos – o de que governos civis recebem seus justos poderes a partir do consenso dos governados e o da inalienabilidade do direito de consciência –, esses são os princípios afirmados e mantidos pelos adventistas do sétimo dia.

Senador Blair – Mas a sociedade está por trás do governo que ela própria cria.

Sr. Jones – Certamente. Todos os governos civis emanam do povo, e não me importo com a forma como isso ocorra.

Senador Blair – Eu concordo com tudo isso.

Sr. Jones – Mas as pessoas, não importa a quantidade delas, não têm o direito de invadir o seu relacionamento com Deus e nem o meu. Este só pode ser definido entre o indivíduo e Deus através da fé em Jesus Cristo; e como o Salvador fez essa distinção entre o que pertence a César e o que é de Deus, quando César requer dos homens o que pertence somente a Deus, ele está agindo fora de sua jurisdição; e se o homem agir em obediência a César, nesse caso terá negado a Deus. Quando César – governo civil – exige dos homens aquilo que pertence a Deus, ele está exigindo algo que não lhe pertence. Com esse procedimento, César usurpa o lugar e a prerrogativa de Deus. Todo aquele que respeita a Deus, ou seus próprios direitos diante de Deus, irá desconsiderar toda e qualquer interferência indevida da parte de César.

Esse argumento é confirmado pelo comentário do apóstolo Paulo sobre as palavras de Cristo. Em Romanos 13:1-9 está escrito:

> "Todo homem esteja sujeito às autoridades superiores; porque não há autoridade que não proceda de Deus; e as autoridades que existem foram por ele instituídas. De modo que aquele que se opõe à autoridade resiste à ordenação de Deus; e os que resistem trarão sobre si mesmos condenação. Porque os magistrados não são para temor, quando se faz o bem, e sim quando se faz o mal. Queres tu não temer a autoridade? Faze o bem e terás louvor dela, visto que a autoridade é ministro de Deus para teu bem. Entretanto, se fizeres o mal, teme; porque não é sem motivo que ela traz a espada; pois é ministro de Deus, vingador, para castigar o que pratica o mal. É necessário que lhe estejais sujeitos, não somente por causa do temor da punição, mas também por dever de consciência. Por esse motivo, também pagais tributos, porque são ministros de Deus, atendendo, constantemente, a este serviço. Pagai a todos o que lhes é devido: a quem tributo, tributo; a quem imposto, imposto; a quem respeito, respeito; a quem

honra, honra. A ninguém fiqueis devendo coisa alguma, exceto o amor com que vos ameis uns aos outros; pois quem ama o próximo tem cumprido a lei. Pois isto: Não adulterarás, não matarás, não furtarás, não cobiçarás, e, se há qualquer outro mandamento, tudo nesta palavra se resume: Amarás o teu próximo como a ti mesmo."

É fácil ver que essa passagem bíblica nada mais é do que a exposição das palavras de Cristo, "Dai a César o que é de César". Na ordem do Salvador de dar a César o que é de César, existe claramente um reconhecimento da legitimidade do governo civil e de que ele tem reivindicações sobre nós que, por dever, devemos reconhecer, e de que há coisas que o dever nos obriga a entregar ao governo. O capítulo 13 de Romanos simplesmente afirma a mesma coisa em outras palavras: "Todo homem esteja sujeito às autoridades superiores; porque não há autoridade que não proceda de Deus; e as autoridades que existem foram por ele instituídas".

Vale ressaltar que as palavras do Salvador foram uma resposta para uma pergunta sobre o tributo. Perguntaram-Lhe: "É lícito pagar tributo a César ou não?" Romanos 13:6 se refere à mesma coisa ao dizer: "Por esse motivo, também pagais tributos, porque são ministros de Deus, atendendo, constantemente, a este serviço". Em resposta à questão dos fariseus sobre o tributo, Cristo disse: "Dai a César o que é de César". Romanos 13:7 ocupa-se do mesmo pensamento: "Pagai a todos o que lhes é devido: a quem tributo, tributo; a quem imposto, imposto; a quem respeito, respeito; a quem honra, honra". Essas referências se harmonizam com o que já declaramos: que essa porção das Escrituras (Romanos 13:1-9) é um comentário divino sobre as palavras de Cristo em Mateus 22:17-21.

A passagem refere-se primeiramente ao governo civil, às autoridades, aos poderes constituídos. Em seguida, ela se refere aos governantes como um poder que traz a espada e atende a assuntos ligados aos tributos. Então vem a ordenança de pagar tributo a quem é devido, seguida desta admoestação: "A ninguém fiqueis devendo coisa alguma, exceto o amor com que vos ameis uns aos outros; pois quem ama o próximo tem cumprido a lei". Em seguida ele faz menção do sexto, sétimo, oitavo, nono e décimo mandamentos, e acrescenta: "[...] e, se há qualquer outro mandamento, tudo nesta palavra se resume: Amarás o teu próximo como a ti mesmo".

Há outros mandamentos nessa mesma lei a que Paulo se refere. Há mais quatro mandamentos na primeira tábua da lei, mandamentos que dizem: "Não terás outros deuses diante de mim", "Não farás para ti imagens de escultura", "Não tomarás o nome do Senhor teu Deus em vão", "Lembra-te do dia do sábado para o santificar". Então há o outro mandamento que resume todos esses: "Amarás, pois, o Senhor, teu Deus, de todo o teu coração, de toda a tua alma, de todo o teu entendimento e de toda a tua força".

Paulo conhecia muito bem esses mandamentos. Por que então disse: "[...] e, se há qualquer outro mandamento, tudo nesta palavra se resume: Amarás o teu próximo como a ti mesmo?" Porque ele estava escrevendo os princípios estabelecidos pelo Salvador relacionados aos nossos deveres para com o governo civil.

Nossas obrigações para com o governo dizem respeito unicamente ao governo e ao nosso próximo, porque os poderes do governo civil pertencem unicamente aos homens em suas relações de uns para com os outros e para com o governo. Mas as palavras do Salvador, tratando do mesmo assunto, fazem uma clara distinção entre o que pertence a Deus e aquilo que pertence ao governo civil. As coisas pertencentes a Deus não podem ser submetidas ao governo, aos poderes constituídos. Foi por isso que Paulo, embora tivesse pleno conhecimento da existência de outros mandamentos, disse: "e, se há qualquer outro mandamento, tudo nesta palavra se resume: Amarás o teu próximo como a ti mesmo"; ou seja: se existir qualquer outra regra concernente à relação entre o homem e o governo, ela está contida na frase "Amarás o teu próximo como a ti mesmo". Isso nos mostra conclusivamente que os poderes constituídos, embora ordenados por Deus, têm autoridade apenas sobre as coisas que envolvam a relação do homem com o seu próximo, e apenas isso.

Digo mais: Visto que nesse registro divino sobre os deveres dos homens para com as autoridades constituídas não há referência qualquer à primeira tábua da lei, conclui-se, portanto, que os poderes constituídos, mesmo que ordenados por Deus, não têm autoridade alguma sobre a relação do indivíduo para com Deus.

Considerando que os Dez Mandamentos contêm todos os deveres do homem, e que a enumeração mencionada aqui, referente aos deveres do homem para com poderes políticos estabelecidos, não faz menção alguma de nada relacionado à primeira tábua da lei, conclui-se que nenhum dos deveres prescritos na primeira tábua da lei fazem parte das obrigações que o homem tem para com os poderes constituídos. Isso quer dizer, como já afirmamos, que os poderes constituídos, mesmo que ordenados por Deus, não foram estabelecidos por Deus para controlar o mínimo dever que seja relacionado com um dos quatro primeiros mandamentos. Esses são deveres do homem para com Deus, e com esses deveres os poderes constituídos não têm nenhum direito de se envolver, pois Cristo ordenou que o ser humano desse a Deus – não a César, e nem por meio de César – o que é de Deus. Por conseguinte, Paulo, quando comentou as palavras de Cristo, não mencionou os primeiros quatro mandamentos. Por isso negamos, e negaremos sempre, o direito de qualquer governo civil de legislar sobre qualquer coisa que pertença à relação do indivíduo com Deus, conforme delineada nos quatro primeiros mandamentos. Este projeto de lei dominical de fato se propõe a legislar sobre algo que envolve o dia do Senhor. Se é o dia do Senhor, temos de dar esse dia ao Senhor e não a César. Quando César o exige de nós, ele está requerendo algo que não lhe pertence e com o que não tem nada a ver.

Senador Blair – Sua objeção seria satisfeita se, ao invés de dizermos "dia do Senhor", disséssemos "domingo"?

Sr. Jones – Não, senhor, porque o princípio subjacente ao domingo, e seu único fundamento, é de natureza eclesiástica, e qualquer legislação relacionada a ele constitui legislação eclesiástica. Mas lidarei de forma mais ampla com sua pergunta logo mais.

Agora, não nos entendam mal nesse ponto. Somos adventistas do sétimo dia, mas se esse decreto fosse a favor da obrigatoriedade da observância do sétimo dia como o dia do Senhor, também nos oporíamos a ele tanto quanto nos opomos à forma como ele se encontra agora, pelo evidente motivo de que o governo civil não tem nada a ver com *o que* devemos a Deus, ou se *devemos* algo ou não, ou se o *pagamos* ou não.

Permitam-me usar as palavras de Cristo novamente para enfatizar esse ponto. Naqueles tempos, a questão era sobre o tributo, se era lícito pagar tributo a César ou não. Respondendo a essa pergunta, Cristo estabeleceu o seguinte princípio: "Dai a César o que é de César e a Deus o que é de Deus". O dinheiro do tributo pertencia a César. Sua imagem e inscrição estavam nas moedas. Portanto, este devia ser entregue a ele. *Agora*, nossa discussão tem que ver com a observância do dia de repouso (seja ele o sábado ou domingo), e cabe aqui colocar uma pergunta não somente legítima, mas necessária: É lícito dar a observância do dia do Senhor a

César? A resposta pode estar em Suas próprias palavras: Mostrem-me o dia do Senhor, que imagem e inscrição ele traz? Do Senhor, é claro. O próprio projeto de lei em discussão aqui hoje declara ser ele o dia do Senhor. Então as palavras de Cristo se aplicam a essa situação. Pelo fato de o dia do Senhor trazer a imagem e inscrição do Senhor, cabe a nós, portanto, dar as coisas do Senhor para o Senhor e as coisas de César para César. Ele não porta a imagem e inscrição de César. Ele não lhe pertence e a ele não deve ser dado.

Novamente: vamos considerar a instituição referida pela palavra *sábado*: É lícito dar a observância do sábado a César ou não? Mostrem-nos o sábado. Que imagem e inscrição ele leva? O mandamento de Deus diz que ele "é o sábado do Senhor teu Deus". Ele leva a imagem e a inscrição de Deus e somente a Dele. O sábado pertence inteiramente a Ele. César nada tem que ver com o sábado, pois ele não lhe pertence. Sua observância não pode ser dada a César, mas somente a Deus, pois o mandamento diz: "Lembra-te do dia de sábado *para o santificar*". Se não for santificado, não será guardado de modo nenhum. Logo, pertencendo a Deus, portando Sua inscrição e não a de César, de acordo com o mandado de Cristo ele deve ser dado somente a Deus, pois devemos dar a Deus o que é de Deus, e o sábado é o sábado do Senhor teu Deus. Desse modo, a observância do sábado ou do dia do Senhor, como você preferir chamá-lo, jamais poderá ser dada a César. E César jamais poderá exigi-la sem exigir aquilo que pertence a Deus, ou sem se colocar no lugar de Deus, usurpando-Lhe as prerrogativas.

Por esse motivo, afirmamos que se este projeto de lei fosse proposto em favor do verdadeiro sábado do Senhor, o sétimo dia, o dia que nós guardamos; se este projeto de lei se propusesse a promover sua observância, ou convidar os homens a não trabalhar nesse dia, ainda assim seríamos positivamente contrários a ele com a mesma determinação com que nos opomos a ele agora, e eu estaria aqui nesta mesa argumentando exatamente como estou fazendo agora contra a observância dominical, usando do mesmo princípio estabelecido por Jesus Cristo, de que naquilo que pertence a Deus o governo jamais terá o direito de interferir. Esse dever deve ser definido apenas entre o homem e Deus, e se qualquer homem não o cumprir para com Deus, ou se recusar a fazê-lo, ele é responsável exclusivamente perante Deus e não perante qualquer autoridade, assembleias ou organizações humanas. E qualquer poder civil que se julga no direito de punir uma pessoa por sua negligência ou recusa em entregar a Deus o que é de Deus coloca-se a si mesmo no lugar de Deus. Qualquer governo que tente fazer isso se colocará contra a palavra de Cristo e é, portanto, anticristão. Este projeto de lei dominical propõe que o governo faça justamente isso. Portanto, sem qualquer intenção de criticar o autor do projeto, esta proposta de lei dominical nacional em discussão aqui é *anticristã*. Ao afirmar isso, não estou destacando essa proposta de lei como se fosse pior do que todas as outras leis dominicais no mundo. Nunca houve e nunca haverá uma lei dominical que não seja anticristã.

Senador Blair – Então o senhor se opõe a todas as leis dominicais do país?

Sr. Jones – Sim, senhor.

Senador Blair – O senhor é contra todas as leis dominicais?

Sr. Jones – Sim, senhor. Somos contrários a toda e qualquer lei dominical que já foi criada no mundo, desde a primeira promulgada por Constantino até esta proposta agora, e seríamos igualmente contrários a qualquer lei sabática[1], pois também seria anticristã.

Senador Blair – Estadual e federal, da mesma forma?

Sr. Jones – Estadual e federal, senhor. Eu lhe darei razões históricas em seguida e apresentarei os fatos que comprovam minha argumentação, e espero que eles sejam levados em consideração.

Creio que George Washington ainda é uma figura digna de nosso respeito – pelo menos o é pelos adventistas do sétimo dia. Ele disse: "Todo homem que se comporta como bom cidadão é responsável unicamente diante de Deus por sua fé religiosa, e deve ser protegido para que adore a Deus de acordo com os ditames de sua própria consciência". Assim, então, deveríamos ser protegidos, desde que sejamos cidadãos respeitadores da lei. Não temos nenhum proprietário de tabernas entre nós. Somos uma organização defensora da Lei Seca, e conscienciosamente praticamos os princípios de temperança cristã. Em resumo, o senhor jamais encontrará um povo nesse país ou no mundo que se esforce tanto quanto nós em viver em paz e harmonia com as leis do país. Com base nas Escrituras, ensinamos nossos membros a se sujeitarem às autoridades constituídas. Nós lhes ensinamos que o maior dever do *cidadão* cristão é obedecer estritamente à

---

[1] O termo "sabático" neste livro se refere a descanso, e pode se referir tanto ao sábado do sétimo dia quanto ao domingo. O leitor deverá ficar atento ao contexto em que esteja sendo usado.

lei, não por medo de punição, mas por respeito à autoridade do governo, por respeito a Deus e por dever de consciência para com Ele.

Senador Blair – Esse é o argumento que os mórmons usam normalmente. Os mórmons dizem que sua instituição é uma questão de crença religiosa. Todos reconhecem o direito deles de crerem no mormonismo, mas quando eles partem para a prática, isso não causaria a perturbação dos outros?

Sr. Jones – Eu teria comentado sobre esse ponto, mesmo que o senhor não tivesse feito a pergunta. Mas já que o senhor introduziu o assunto, falarei sobre ele agora. Todo o meu argumento consiste em dizer que o governo civil jamais pode interferir com os deveres do homem contemplados nos primeiros quatro mandamentos – e este é o raciocínio inerente às palavras do Sr. Washington. Esses deveres dizem respeito somente a Deus. Bem, a poligamia é considerada adultério. Mas o adultério não é, de forma alguma, um dever do homem para com Deus, tampouco se encontra sob as exigências dos primeiros quatro mandamentos. Ele está registrado nas proibições da segunda tábua da lei de Deus, ou seja, nos mandamentos ligados ao nosso dever para com o próximo. Cabe ao governo civil decidir como os homens devem se conduzir perante o próximo. Essa é a própria razão de sua existência. Consequentemente, a prática da poligamia restringe-se a esse terreno e encontra-se legitimamente sujeita à jurisdição do governo civil. Minha defesa aqui não está apoiando de forma alguma os princípios do mormonismo, tampouco pode ela, honestamente, ser vista sob esse ângulo. Eu sei que o exemplo dos mórmons é uma objeção sempre à mão daqueles que argumentam contra os princípios nos quais nos apoiamos. Ao lançarem mão dessa objeção, tais pessoas estão tornando o adultério uma prática religiosa. Mas contra todo esse tipo de objeção e argumentos, mantenho a posição de que o adultério não é, em qualquer sentido, uma prática religiosa. Ele não é apenas altamente irreligioso, mas essencialmente *incivil*; e por ser incivil, o poder civil tem todo o direito de proscrevê-lo e puni-lo como faz com assassinatos, roubos, perjúrios ou qualquer outra ação delituosa. Além disso, negamos que atividades honestas em qualquer hora ou dia da semana possam ser adequadamente classificadas no mesmo nível do adultério.

Há pessoas que acreditam em comunhão de bens nesse mundo. Vamos supor que elas baseiem seus princípios de ter todas as coisas em comum no exemplo apostólico. Muito bom. Eles têm o direito de fazer isso. Toda pessoa que vende suas propriedades e coloca o dinheiro num fundo comunitário tem o direito de fazer isso se assim preferir; mas vamos supor que essas pessoas, ao promoverem esse princípio e reivindicarem ser ele uma ordenança religiosa, decidem, sem o seu consentimento, confiscar a sua ou a minha propriedade e integrá-la à comunidade deles. O que vai acontecer? O Estado vai proibir tal prática. Ele não vai proibir o exercício da religião deles, mas vai proteger a sua e a minha propriedade; e ao exercer sua prerrogativa de proteção, o roubo é proibido. E ao proibir o roubo, o Estado nunca pergunta se o roubo constitui uma prática religiosa. O mesmo pode ser dito quanto à poligamia, praticada entre os mórmons. Mas vamos considerar isso sob outro aspecto.

Cada ser humano neste país, ou em qualquer outro lugar, tem o direito de adorar um ídolo se ele quiser. Esse ídolo encarna as convicções dessa pessoa com relação a quem Deus é. Ele só pode adorar de acordo com suas convicções. Não importa o formato que esse ídolo tenha, a pessoa tem o direito de adorá-lo em qualquer lugar do mundo, portanto também nos Estados Unidos da América. Mas suponha que a adoração a esse deus envolva tirar a vida de uma pessoa da comunidade e oferecê-la como sacrifício humano. O governo civil existe para a proteção da vida, da liberdade, propriedade, etc., e deve punir qualquer pessoa que atentar contra a vida do próximo. A lei civil protege a vida humana contra tal prática religiosa de quem quer que seja; mas, ao punir o agressor, o Estado não considera absolutamente a filiação religiosa desse cidadão. A lei o puniria igualmente se tal cidadão não tivesse pretensões de estar prestando um culto religioso. Ele é punido por seu ato de incivilidade, por assassinato, mas não por sua irreligiosidade. Repito que a questão da religião não é considerada pelo Estado. A única questão é: ameaçou ele a vida do seu próximo? O governo civil deve proteger os cidadãos. Proteger a vida está dentro da jurisdição de César e representa parte dos deveres que a Escritura ensina sobre o cuidado para com o próximo. Portanto, é um dever com o qual César tem tudo a ver.

Assim, é verdade que o estado jamais poderá, por direito, legislar a respeito da fé religiosa de quem quer que seja, ou a respeito de qualquer coisa que envolva os quatro primeiros mandamentos do decálogo. Mas, se no exercício das suas convicções religiosas relacionadas aos primeiros quatro mandamentos, um homem invade os direitos do seu próximo, como o direito à vida, família, propriedade ou posição, o governo civil dirá então que se trata de algo ilegal. Por quê? Por que é irreligioso ou imoral? De forma alguma; mas porque é um ato incivil, e somente por essa razão. Não cabe ao Estado fazer qualquer pergunta relacionada à religiosidade de uma pessoa, ou se seus atos são religiosos ou não. A única pergunta deve ser sempre se esse ato é civil ou incivil.

Senador Blair – Agora aplique esse direito a este caso, a instituição do dia de repouso entre os homens e para o bem dos homens.

Sr. Jones – Muito bem, vamos considerar isso. Aqui há pessoas que guardam o domingo. É direito delas trabalhar em qualquer outro dia da semana. É direito delas trabalhar *nesse* dia, se desejarem; mas elas estão guardando esse dia, reconhecendo-o como o dia de descanso [the *Sabbath*[2]]. Agora, enquanto estão fazendo isso dentro de seu direito, existe outro grupo de pessoas guardando o sábado e outro guardando a sexta--feira. Os muçulmanos aceitam a sexta-feira. Mas vamos nos concentrar naqueles que guardam o sábado, o sétimo dia, como dia de descanso. Os que guardam o domingo, e que querem uma legislação em favor desse dia, pedem para que outras pessoas sejam proibidas de trabalhar no domingo, porque dizem que isso perturbaria o seu descanso e adoração, etc., e que seus direitos não são protegidos de forma plena. Será que eles realmente acreditam no princípio envolvido nessa alegação? Vamos ver. Eles nunca irão admitir (até o momento não achei um que o tenha feito) que seu trabalho no sábado perturba o descanso e a adoração de alguém que descansa no sábado. Se o trabalho que fazem não perturba os que descansam no sábado ou sua adoração, então em que princípio eles se baseiam para afirmar que nosso trabalho no domingo atrapalha o descanso daqueles que guardam esse dia? Jamais achei um sequer dentre o grupo dos observadores do domingo que admita tal princípio. Se o trabalho deles não

---

[2] A palavra *Sabbath* no original em inglês corresponde ao termo bíblico de origem hebraica encontrado no quarto mandamento e no decorrer de todas as Escrituras [o sábado]. Na cultura americana, o termo pode se referir tanto ao sábado do sétimo dia [Saturday] quanto ao domingo [*Sunday*], o primeiro dia da semana, dependendo da convicção religiosa e teológica de cada um. Nesta tradução, na maior parte das vezes, e para evitar confusão com o sábado do sétimo dia, optamos por traduzir o termo como "dia de descanso", que reflete seu significado hebraico. Em outros momentos, quando a referência era nitidamente ao primeiro dia da semana, a palavra "domingo" foi usada; se a referência era ao sétimo dia, o termo "sábado" foi usado, de acordo com o nome dado a esse dia em língua portuguesa.

perturba nosso descanso e adoração no sábado, *não é possível* que nosso trabalho venha a perturbar o descanso e adoração deles no domingo. Mais do que isso: em uma convenção geral sobre o domingo feita em São Francisco, na qual estive presente, houve uma pessoa que levantou essa questão, dizendo: "Existem algumas pessoas, e a boa maioria delas deste Estado, que não acreditam na legislação dominical, e que guardam o sábado como dia de descanso; mas", ele disse, "a maioria deve prevalecer. A vasta maioria das pessoas guarda o domingo e seus direitos devem ser respeitados. Elas têm o direito de torná-lo lei". Eu me levantei e disse: "Suponham que os sabatistas fossem a maioria e apelassem ao Legislativo solicitando a criação de uma lei para obrigar vocês a guardar o sábado para resguardar os direitos deles. Vocês achariam isso certo?" Houve um murmúrio em todo o recinto: "Não".

Senador Blair – Com que fundamento eles disseram "não"?

Sr. Jones – Isso é o que eu gostaria de saber. Eles não foram lógicos. A resposta deles mostra que não há fundamento na justiça ou no direito que sustente a alegação de que a maioria pode ditar as regras em questões de consciência.

Senador Blair – Isso não procede. Pelo menos, não me parece proceder. A maioria tem o direito de governar naquilo que diz respeito à ordem da sociedade, e se César controla a sociedade, então a maioria tem o direito nesse país de dizer o que daremos a César.

Sr. Jones – Muito bem, mas a maioria não tem o direito de dizer o que daremos *a Deus*, tampouco tem ela o direito de dizer que devemos dar *a César* o que pertence *a Deus*. Se 999 pessoas de cada 1.000 nos Estados Unidos guardassem o sétimo dia, ou seja, o sábado, e eu considerasse ser minha escolha e direito de guardar o domingo, então eu iria insistir nisso, e eles não teriam qualquer direito de me obrigar a guardar o sábado.

Senador Blair – Em outras palavras, você assume a posição de que, para o bem da sociedade, não importando o aspecto religioso em questão, a sociedade não pode exigir abstinência do trabalho no dia de repouso, mesmo que isso perturbe os outros?

Sr. Jones – Com relação a perturbar os outros, já provei que isso não ocorre. O contexto de sua pergunta define exatamente minha posição.

Senador Blair – Você é lógico durante todo o seu argumento de que não deve haver nenhum dia de repouso. Foi-me entregue a seguinte pergunta: "O senhor também é contrário a todas as leis contra blasfêmia?"

Sr. Jones – Sim, senhor. Mas não porque blasfêmia não seja algo errado, mas porque o governo civil não pode definir blasfêmia, ou punir quem a comete. Blasfêmia é questão que pertence a Deus; é uma ofensa e um pecado contra Ele.

Senador Blair – Suponha essa prática em grande escala. Ela seria prejudicial à sociedade?

Sr. Jones – Isso terá que ser explicado. Em que sentido isso pode ser prejudicial para a sociedade?

Senador Blair – Suponhamos que seja prejudicial à sociedade neste sentido: A crença na existência de Deus, a reverência para com o Criador e o cultivo desse sentimento na sociedade são para o bem da sociedade. Na verdade, aqui se encontra a base de toda lei e restrição. Se o Todo-Poderoso, que sabe todas as coisas, ao menos assim se supõe, e tem todo o poder, não tem nenhum direito de nos restringir, fica difícil de ver como podemos restringir uns aos outros.

Sr. Jones – Ele tem o direito de nos restringir e na verdade o faz.

Senador Blair – Blasfemar, zombar e ridicularizar com frequência o Todo-Poderoso produziria, é claro, uma tendência de educar as crianças, que logo se tornarão o Estado, num absoluto desprezo por Deus e Sua autoridade. Blasfêmia, como eu a entendo, é a prática que lança sobre o Criador o desprezo e ridículo entre Suas criaturas.

Sr. Jones – O que é blasfêmia aqui pode não ser blasfêmia na China, e em muitos outros países.

Senador Blair – Não estamos lidando com comunidades pagãs. Uma regulamentação que seria apropriada para uma comunidade pagã não se aplicaria a pessoas de uma comunidade cristã. Você quer dizer que não existe tal coisa como a blasfêmia?

Sr. Jones – Não, eu não quis dizer isso.

Senador Blair – Os chineses dificilmente acreditam em algum tipo de deus, pelo menos não no Deus em quem nós cremos. Levando em conta nosso Deus e as instituições cristãs, o que você entende ser uma blasfêmia?

Sr. Jones – Há muitas coisas que as Escrituras consideram blasfêmia.

Senador Blair – O poder da lei em vários Estados tomou o cuidado de definir que certas coisas constituem blasfêmia.

Sr. Jones – Precisamente. Mas se a lei se propõe a definir o que é blasfêmia e puni-la, por que não se aprofunda na questão e define todo tipo de blasfêmia e suas respectivas punições?

Senador Blair – Talvez essa lei não seja tão abrangente como deveria. Você diz ser contrário a todas as leis contra blasfêmia, maldições e juramentos?

Sr. Jones – Sou contrário a qualquer lei relacionada com qualquer um dos primeiros quatro mandamentos.

Senador Palmer – Suponha que o que foi definido como blasfêmia nos estatutos dos vários Estados viesse a depreciar a observância da lei e o respeito a ela, você consideraria as leis contra a blasfêmia impróprias?

Sr. Jones – Sob o princípio exposto pelas Escrituras, nenhuma legislação, seja ela qual for, pode ser apropriada se o seu objetivo é interferir na guarda dos primeiros quatro mandamentos. A legislação por parte do governo civil com relação a um ou outro ponto ligado aos quatro primeiros mandamentos pode assumir diferentes formas aparentemente adequadas; contudo, quando você se põe a legislar sobre isso, qual será o limite?

Senador Palmer – É parte da educação dos jovens deste país ensinar a não blasfemar.

Sr. Jones – Isso é verdade. Se a juventude receber uma educação adequada, ela nunca irá blasfemar.

Senador Palmer – Aprovamos leis em prol da educação dos jovens. A questão aqui é se a abstenção da blasfêmia não poderia ser incluída no escopo da educação. Considere isso nessa perspectiva.

Sr. Jones – Idolatria (e cobiça é idolatria) não é nada mais do que a quebra do primeiro mandamento: "Não terás outros deuses diante de Mim"; e se o Estado pode proibir a quebra do terceiro e do quarto mandamento, porque não poderia proibir a quebra do primeiro e do segundo, e, nesse caso, substituir a Deus de imediato e estabelecer uma teocracia terrestre? Esse é o único resultado lógico.

Senador Blair – Cobiça é um estado da mente; mas, quando a cobiça se transforma no ato de roubar, apropriando-se das coisas alheias sem a devida compensação, então a lei interfere.

Sr. Jones – Certamente.

Senador Palmer – Existe uma contaminação na blasfêmia ou na cobiça. Por exemplo, se um homem cobiçoso infectasse toda a vizinhança com sua cobiça, de modo que todos se tornassem ladrões, então a cobiça seria um assunto da legislação.

Sr. Jones – Nunca! Você proíbe o roubo, e não a cobiça. Você não pode invadir a condição da mente onde a cobiça habita.

Senador Blair – Não dissemos que devemos invadir a condição da mente, mas sim que a sociedade tem o direito de fazer regulamentos, porque esses são essenciais para o bem da sociedade. A sociedade, pela maioria de votos, estabelece um regulamento e devemos obedecer ao que foi decidido pela maioria.

Sr. Jones – Como se pode descobrir o que é blasfêmia, se isso é apenas uma ofensa contra Deus? Na teocracia puritana da Nova Inglaterra, nosso historiador Bancroft diz que "a maior ofensa no catálogo de crimes era a blasfêmia, ou o que o júri chamasse de blasfêmia".

Senador Blair – Mas a lei estava por trás do júri, e dizia que a prática deveria ser punida. Se um júri de doze homens dissesse que um homem havia claramente cometido o ato, então a prática poderia ser punida. Foi a maioria que fez a lei, e o júri só tratou do fato em questão depois que a lei foi violada. Não foi o júri que fez a lei. Essa é uma questão relacionada à elaboração da lei.

Sr. Jones – A questão toda não se resume a simplesmente fazer a lei. A questão é se a lei é justa quando é elaborada. Existe um limite para o poder de legislar; e esse limite se encontra na linha divisória estabelecida por Jesus Cristo. O governo não tem nenhum direito de fazer qualquer tipo de lei relacionada com as coisas que pertencem a Deus, ou com ofensas contra Deus ou a religião. O governo não tem nada que ver com a religião.

Esta é a definição de blasfêmia de acordo com o juiz Cooley em seu livro "Limitações Constitucionais":

> é o uso proposital de palavras concernentes ao Ser Supremo, calculadas e designadas a prejudicar e destruir a reverência, respeito e confiança devidos a Ele como o Criador inteligente, Governador e Juiz de todo o mundo; [...] deve existir uma motivação maléfica; deve existir uma tentativa deliberada e maliciosa voltada para diminuir a reverência dos homens para com a Divindade ou para com a religião aceita.

Percebe-se de relance que as leis contra a blasfêmia procedem do antigo sistema inglês de estatutos que regulavam as "ofensas contra Deus e a religião". E é sob essa rubrica que é colocado esse estatuto em cada sistema de lei civil. Ele não poderia ser colocado em nenhum outro lugar. Mas ofensas contra Deus devem ser retribuídas somente pelo tribunal divino. Tudo que se refere à religião ou ofensas contra ela, o poder civil não tem nada o que fazer. É uma perversão das funções do governo civil o fato de ele ter se tornado um participante ativo em controvérsias religiosas. Ele terá amplo exercício de seus poderes e de sua jurisdição na tentativa de manter *civis* os contendedores religiosos e outros mais, sem jamais se permitir tornar-se partidário em conflitos religiosos ou assumir o cargo de defensor de dogmas religiosos.

Mas de acordo com a definição do juiz Cooley, a blasfêmia é uma tentativa de diminuir a reverência que uma pessoa tem não apenas para com a Divindade, mas para com a "religião aceita" também. No entanto, qualquer pessoa neste vasto mundo tem o direito de diminuir a reverência de outras pessoas para com a religião aceita ou adotada, se ele achar que ela é errada. Consequentemente, como eu disse momentos atrás, o que seria caracterizado como blasfêmia aqui não seria blasfêmia na China; e o que está estritamente de acordo com a Palavra de Deus e a fé em Jesus Cristo é necessariamente blasfêmia na China, na Turquia ou na Rússia. Um homem que prega o evangelho de Jesus Cristo na China comete blasfêmia segundo a definição mencionada. Ele estaria fazendo uma tentativa intencional de diminuir a reverência das pessoas daqueles países em suas crenças e para com as divindades reconhecidas na religião deles. Mas ele teria que fazer isso se quisesse fazê-los acreditar em Cristo e na religião de Cristo. Ele precisaria levá-los a uma condição em que não tivessem mais reverência por suas divindades ou pela religião aceita. Essa seria a condição para que aceitassem a religião de Jesus Cristo. O mesmo teria que acontecer na Turquia ou em qualquer outro país islâmico ou pagão. Em qualquer lugar em que o evangelho de Jesus Cristo é pregado, quer seja num país islâmico ou em qualquer outra nação pagã, ele será considerado blasfêmia segundo essa definição, porque o seu único objetivo será não apenas diminuir a reverência dos homens por suas divindades ou pela religião aceita de determinado lugar, mas também convertê-los completamente de suas religiões, e, se possível, apagá-las de suas mentes.

O mesmo ocorre na Rússia. Qualquer um que falar contra a religião aceita, ou contra os santos, imagens, ficará sujeito à penalidade por blasfêmia, que é o banimento perpétuo na Sibéria.

Mas se a blasfêmia é um assunto digno de legislação pelo governo civil, se é legítimo que o governo assuma o papel de "defensor da fé", então é perfeitamente correto que os chineses elaborem leis com as devidas penalidades, sejam elas quais forem, a fim de proibir a pregação do evangelho de Jesus Cristo dentro de seus territórios, pois a pregação diminuiria a reverência dos chineses para com suas divindades e para com a religião aceita do país. Isso se aplica a todos os outros países citados anteriormente. Nessa situação, "perseguição religiosa" é algo que não existe. As únicas perseguições de que se tem registro existiram porque homens decidiram falar contra a religião oficial. Se esse princípio estiver correto, então o império romano agiu com toda legitimidade ao proibir, sob pena de morte, a pregação da religião de Jesus Cristo. Sempre que Paulo ou qualquer um dos seus irmãos falavam no território do império romano, eles blasfemavam, de acordo com a lei romana. Eles foram acusados de blasfêmia e sentenciados à morte sob o mesmo princípio dessa definição, que é o princípio dos estatutos norte-americanos sobre o assunto da blasfêmia. Os cristãos tinham que dizer ao império romano que os deuses romanos não eram deuses. Eles tinham que dizer ao império romano que o próprio espírito guardião de Roma, que o sistema romano tinha como a suprema divindade, não era nada disso, mas algo subordinado, e que havia uma ideia de Deus e de direito superior à que o império romano ou suas leis conheciam. Eles de fato falaram deliberadamente contra a principal divindade romana e contra todos os deuses de Roma. Eles fizeram isso com o expresso propósito de destruir a reverência por eles e pela religião aceita. Roma os condenou à morte. E repito, se o princípio dos estatutos norte-americanos contra a blasfêmia está correto, então Roma agiu corretamente.

Para tornar mais claro, cito uma passagem da Suprema Corte da Pensilvânia em defesa desse princípio, numa decisão especificamente sobre esse assunto. Ali diz: "Proibir a negação aberta, pública e explícita da religião popular de um país se torna uma medida necessária para preservar a tranquilidade do governo". Foi exatamente isso que o império romano fez. O cristianismo negou aberta, pública e explicitamente a religião popular do império. Ele o fez com a intenção de destruir a reverência dos homens para com as divindades e para com a religião nacional. Roma proibiu isso; e de acordo com o princípio da decisão da Suprema Corte da Pensilvânia, que é o princípio da lei americana sobre blasfêmia, Roma agiu corretamente e o cristianismo foi uma religião blasfema. O princípio implícito nessa decisão parece ser o de que aqueles que representam a religião popular de um país têm tão pouco da real eficácia da religião que professam que, se alguém falar contra ela, tal ação inevitavelmente despertará neles uma combatividade tal que porá em perigo a tranquilidade pública. Portanto, para manter a civilidade das pessoas que representam a religião popular, o Estado precisa proibir qualquer um de negar essa religião.

Essa decisão da Suprema Corte da Pensilvânia é um dos grandes precedentes que têm sido seguidos em todas as demais decisões sobre esse assunto nos Estados mais novos. Essa decisão, porém, seguiu outra tomada pelo Sr. Kent, presidente da Suprema Corte de Nova Iorque, em 1811, na qual ele incorpora os mesmos princípios. Ele defende o direito do Estado de punir as ofensas feitas contra o que ele chama de povo cristão, e o de não punir igualitariamente ofensas semelhantes cometidas contra a religião de algum outro povo vivendo neste país. Vejamos sua argumentação:

> "Tampouco estamos obrigados, devido a quaisquer expressões da Constituição, como alguns têm estranhamente suposto, a não punir de forma alguma, ou punir indiscriminadamente os ataques semelhantes contra a religião muçulmana, ou o Grande Lama, pela simples razão de que o caso pressupõe que somos um povo cristão, e a moralidade desse país está profundamente vinculada ao cristianismo, e não baseada nas doutrinas ou adoração desses impostores."

Isso é só para argumentar que, se a moralidade do país estivesse atrelada à religião muçulmana ou à do Grande Lama, e os cristãos falassem contra ou negassem a religião aceita, seria correto a decisão do Estado de punir esses cristãos por agir dessa forma. Se esse princípio estiver correto, então os países muçulmanos têm o direito de proibir a pregação do evangelho de Jesus Cristo em seus territórios.

De acordo com essas decisões, Lutero e os reformadores dos seus dias eram blasfemadores. A penalidade era a morte, e em muitos casos na estaca; todavia, de acordo com esse princípio, o Estado agiu corretamente ao sentenciá-los à morte segundo as formas prescritas na lei. E isso porque certamente fizeram uma negação, aberta, pública e explícita da religião popular de cada país em que residiam e de toda a Europa. E se as palavras de Lutero fossem proferidas hoje em qualquer país católico, elas seriam certamente consideradas blasfemas ou uma proposital e maliciosa injúria contra o catolicismo. Os reformadores de fato expuseram ao ridículo e ao desprezo a religião popular de toda a Europa. Eles agiram corretamente também; e quando o Estado os puniu, essa não foi senão a aplicação dos princípios defendidos pelo Magistrado Kent, pela Suprema Corte da Pensilvânia, e por todos os outros Estados que têm legislado em matéria de religião.

Como já afirmei, foi precisamente com base nesse princípio que o império romano proibiu a pregação do evangelho de Cristo. Só era proibida a negação aberta, pública e explícita da religião popular do país; todavia, com essa proibição, proibia-se a pregação do evangelho de Cristo. Mas Cristo enviou Seus discípulos para pregar o evangelho a cada criatura, e o fizeram em desafio à lei romana e em oposição a todo poderio do império romano. E vale ressaltar que todos ao redor do mundo têm o direito inegável de negar de forma aberta, pública e explícita a religião popular deste país ou de qualquer outro, se ele entender que essa religião está errada.

O princípio dessas decisões e dos estatutos civis contra a blasfêmia é essencialmente de origem pagã e não cristã. É, portanto, particularmente apropriado que o presidente da Suprema Corte da Pensilvânia, o ministro Kent, tenha citado não apenas os precedentes dos princípios de união entre igreja e estado das colônias e do governo britânico, mas também tenha apelado aos governos pagãos da antiguidade e para a instituição papal da Europa moderna como base para sua decisão. É uma verdade que todas essas nações se proclamaram guardiãs especiais de suas divindades, e proibiram a negação da religião popular. É igualmente verdade que todas essas nações resistiram a todo avanço rumo ao esclarecimento e progresso alcançados no decorrer do tempo. Cada passo rumo ao progresso religioso e do saber ocorreu necessariamente em meio a grande oposição por parte desses Estados e impérios. Mas os princípios das instituições americanas não são nem pagãos e nem papais. Os princípios da Constituição Americana que proíbem a legislação em assuntos religiosos são princípios cristãos. E é de se esperar que as Supremas Cortes pautem estritamente suas decisões em nome da religião cristã, da qual se orgulham, cujos procedimentos e posturas são diferentes do curso tomado por governos pagãos da antiguidade e pelas instituições papais da Europa moderna. Sobre esses assuntos, seria apropriado que eles se referissem aos ensinos e aos princípios do Autor do Cristianismo; contudo, por estranho que pareça, isso nunca ocorreu e nunca ocorrerá, pela razão simples e clara de que os ensinos de Jesus Cristo são diretamente contrários ao modo de agir deles. A palavra de Cristo proíbe o governo civil de ter qualquer tipo de interferência com aquilo que pertence a Deus; e, em vez de ensinar Seus discípulos a processar, ou punir, através da lei civil, os que falam contra eles ou contra sua religião, Jesus orientou: "Amai a vossos inimigos, fazei bem aos que vos odeiam e orai pelos que vos maltratam e vos perseguem, para que sejais filhos do Pai que está nos céus". Como podem os homens ser convencidos a respeitar a Deus ou a Jesus Cristo através das penalidades civis sobre seus corpos e bens? Como podem respeitar a religião de homens que estão prontos a processá-los e aprisioná-los? Cada princípio nessa discussão é contrário tanto ao espírito quanto à letra do cristianismo. A religião de Jesus Cristo, dignamente exemplificada na vida diária daqueles que a professam é o melhor argumento e a mais forte defesa contra a blasfêmia, definida tanto pelas Escrituras quanto pelos estatutos civis.

As leis, por conseguinte, proibindo "o que um júri pode definir como blasfêmia", são pagãs e não cristãs. As decisões da Suprema Corte de Nova Iorque e da Pensilvânia sobre esses assuntos são decisões pagãs e não cristãs. Baseiam-se em precedentes pagãos e não cristãos. As perseguições mortais relatadas em toda a história, perpetradas por pagãos, pelo papado e pelos supostos protestantes, são justificadas com base nessas decisões. Michael Servetus foi queimado por "blasfêmia". O único uso que já foi ou ainda é feito por leis dessa natureza em qualquer país é o de dar a oportunidade a alguns fanáticos religiosos, que professam a religião popular, de despejar sua ira contra pessoas que discordem deles. Toda pessoa que realmente possui a religião de Cristo terá graça suficiente de Deus para impedi-lo de colocar em risco a tranquilidade pública quando sua religião é contrariada.

Sendo assim, digo que somos contrários a toda lei feita pelo governo civil contra a blasfêmia, não porque ela não seja algo errado, mas porque é o tipo de ato censurável com o qual o governo civil não tem nada que ver; e essa afirmação se fundamenta totalmente em um princípio cristão. Nosso fundamento é o mesmo dos cristãos primitivos. E reitero: quando Paulo pregou no império romano, ele estava blasfemando segundo as leis de Roma. Foi tido por blasfemador, ateu e sentenciado à morte por essa razão, e tudo isso com base no mesmo princípio em que as leis americanas contra a blasfêmia se sustentam.

Senador Blair – Você está dizendo que a lei estava errada?

Sr. Jones – Certamente, a lei estava errada. A lei romana dizia que ninguém poderia ter seus deuses particulares, exceto os reconhecidos pela lei romana.

Senador Blair – Essa lei era para o bem da sociedade?

Sr. Jones – Não, senhor.

Senador Blair – Certamente, não. Então você tem que cancelá-la ou obedecer a ela.

Sr. Jones – Ela deveria ser cancelada.

Senador Blair – Durante os últimos 1.800 anos temos conseguido anular essa lei [romana], mas a história revela, ao mesmo tempo, o surgimento de um povo inteligente que desenvolveu entre si mesmos, como resultado de mil ou de 1.500 anos de história, entre outras coisas, a instituição do sábado cristão [ou seja, o domingo], incluindo-o nas leis de cada Estado deste país; e foi assim que todo o povo americano, composto de comunidades ou Estados, promulgou o princípio dessa lei.

Sr. Jones – O mesmo princípio está contido no projeto de lei perante esta Comissão. O mesmo princípio permeia todo ele. Se você pode legislar no que diz respeito ao dia de descanso [seja ele o sábado ou o domingo], você pode legislar com relação à blasfêmia, à idolatria ou a qualquer ofensa contra Deus, como fizeram os puritanos e a teocracia papal.

Senador Blair – Em outras palavras, você nega o direito da maioria de criar uma lei em conformidade com o que a sociedade como um todo deverá praticar?

Sr. Jones – Eu nego o direito de qualquer governo civil de criar leis que dizem respeito à relação do homem para com seu Deus, ou seja, leis referentes aos quatro primeiros dos Dez Mandamentos. Desejo mostrar aqui que isso não é somente um princípio da palavra de Jesus Cristo, mas também da Constituição Americana.

Antes que o cristianismo fosse pregado ao redor do mundo, o império romano tinha entre suas leis estes estatutos:

1. Nenhum homem poderá ter deuses particulares ou individuais; nenhum homem poderá adorar por iniciativa própria qualquer nova divindade ou deus estrangeiro, a menos que sejam reconhecidos pelas leis públicas.

2. Adorem os deuses segundo as leis do seu país, e obriguem os outros a fazer o mesmo; mas odeiem e punam os que introduzirem tudo que seja diferente dos nossos costumes nesse assunto.

3. Todo aquele que introduzir novas religiões, cuja tendência e caráter forem desconhecidos, por meio das quais a mente dos homens possa ser perturbada, se pertencer à alta sociedade, será banido; se pertencer a classes inferiores será punido com a morte.

Os cristãos tinham um Deus próprio, não reconhecido pelas leis romanas. Eles de fato introduziram uma nova religião. O império romano cumpriu a lei, e por isso os cristãos foram condenados à morte. Se coisas pertencentes a Deus constituem assuntos apropriados à legislação por parte do governo civil, então nenhum cristão jamais foi perseguido e nunca houve perseguição neste mundo. Tudo o que o império romano fez ao matar cristãos foi cumprir a lei. Então o erro estava com os cristãos naquele tempo, e a pergunta que vem até nós é: A lei não estava errada? E os cristãos não tinham o direito de combatê-la? Foi o que eles fizeram. Quando um cristão era levado perante o magistrado, o diálogo entre eles era mais ou menos assim:

Magistrado – Você tem algum Deus particular – um deus não reconhecido pelas leis romanas?

Cristão – Sim.

Magistrado – Você não sabia que a lei é contrária a isso?

Cristão – Sim.

Magistrado – Você não introduziu uma nova religião?

Cristão – Sim.

Magistrado – Você não sabia que por esta falta a penalidade é a morte para os que vêm da classe baixa?

Cristão – Sim.

Magistrado – Você é da classe baixa?

Cristão – Sim.

Magistrado – Você apresentou uma nova religião?

Cristão – Sim.

Magistrado – Você tem um Deus próprio?

Cristão – Sim.
Magistrado – E qual é a penalidade?
Cristão – Morte.

Isso era tudo. Os romanos cumpriam a lei com os cristãos no início do cristianismo, e isso não significava perseguição, se for reconhecido o princípio de que o governo civil tem o direito de legislar sobre assuntos religiosos. Além disso, o império tinha uma aparente vantagem pelo fato de que a lei já existia antes de o cristianismo ser conhecido no mundo. O cristianismo surgiu em Roma como nada mais do que uma insurreição contra o poder imperial. Leis são feitas para serem cumpridas; e impor as leis era tudo o que o império sempre fez, quer seja até o tempo de Constantino ou em qualquer outro período. Na verdade, tudo o que o papado fez durante a Idade Média foi fazer com que os imperadores cumprissem a lei. Nossa posição aqui hoje é a mesma mantida pelos cristãos daqueles tempos. Minha defesa toca a raiz de toda essa questão. Em outras palavras, negamos o direito do governo civil de legislar a respeito de qualquer coisa que se relacione com nossos deveres para com Deus, com base nos quatro primeiros mandamentos, e afirmamos o princípio cristão e americano de que todo homem tem o direito de adorar a Deus segundo os ditames de sua própria consciência.

O princípio que os cristãos defendiam era o de dar a César o que é de César e de negar o direito de César de exigir qualquer coisa que pertença a Deus. Eles deram a vida em defesa desse princípio, contra a lei do império romano e contra a própria existência do império romano. Esse princípio foi reivindicado e mantido até que o império romano foi forçado, a despeito de todo o seu poder, a reconhecer o direito de cada pessoa de ter um Deus particular e de adorá-lo segundo sua escolha. O império romano chegou a esse ponto nos dias de Constantino e Licínio. Com a morte de Galério, os imperadores Constantino e Licínio, no Edito de Milão, decretaram que todos teriam a liberdade de ter o deus que desejassem e de adorá-lo da forma que bem entendessem. Mas foi o princípio cristão que forçou o império romano a chegar a esse ponto, mesmo em face de suas leis e instituições centenárias.

Nossa Constituição Federal incorpora cada princípio anunciado por Jesus Cristo, ou seja, que o governo civil não deve se envolver em coisa alguma ligada à religião ou com aquilo que pertença a Deus, mas deve deixar esse assunto para que cada indivíduo decida entre si e Deus segundo sua própria consciência. Se ele for um bom cidadão, a nação o protegerá e o deixará completamente livre para adorar a quem ele quiser, quando quiser e como quiser, ou mesmo não fazer adoração alguma se assim desejar.

No artigo VI da Constituição dos Estados Unidos é dito que "nenhum teste religioso jamais será exigido como requisito para qualquer função ou cargo de confiança pública nos Estados Unidos". A primeira emenda à Constituição, que tornou mais incontestável a adoção desse princípio, assim declara: "O Congresso não fará nenhuma lei relacionada ao estabelecimento de uma religião ou que proíba o seu livre exercício". Essa primeira emenda foi adotada em 1789 na primeira reunião do Congresso regida pela Constituição. Em 1796 foi feito um tratado com Trípoli, onde se declarou (Artigo II.) que "o Governo dos Estados Unidos da América não é de forma alguma fundado sob a religião cristã". Esse tratado foi elaborado por um ex-clérigo congregacionalista e assinado pelo presidente Washington. Não foi por desrespeito à religião ou ao cristianismo que essas cláusulas foram incluídas na Constituição, ou que esta última foi inserida no tratado. Pelo contrário, foi precisamente devido ao respeito deles para com a religião, e a religião cristã em particular, a ponto de deixá-la fora da jurisdição do governo civil, restringindo-a apenas ao âmbito da consciência, a fim de que fosse decidida exclusivamente entre o indivíduo e Deus. Esse fato foi tão bem enunciado pelo Sr. Bancroft, em seu livro *História da Constituição dos Estados Unidos*, que passo a citá-lo textualmente:

> "Nos mais remotos Estados conhecidos da história, o governo e a religião formavam um conjunto indivisível. Cada Estado tinha sua divindade própria, e frequentemente esses protetores, um após outro, podiam ser derrotados em batalha para nunca mais renascerem. A Guerra do Peloponeso, por exemplo, surgiu de uma contenda por causa de um oráculo. Roma, que por vezes concedia cidadania àqueles aos quais derrotava, introduzia igualmente, e seguindo a lógica corrente daquela época, a adoração de seus deuses. Ninguém havia pensado em defender a religião de acordo com a consciência do indivíduo até surgir uma voz na Judeia, que inaugurou a maior época na vida da humanidade ao estabelecer uma religião pura, espiritual e universal para toda a humanidade, e ordenou que se desse somente o que pertence a César. Essa regra foi mantida nos primórdios do evangelho para todos os homens. Assim que essa religião foi adotada pelo líder do império romano,

ela perdeu seu caráter de universalidade e tornou-se escrava de uma conexão profana com o Estado profano. E assim aconteceu, até que a nova nação – a que menos se poluiu com as infrutíferas zombarias do século dezoito, cuja crença geral no cristianismo superava a de qualquer outro povo da época, a principal herdeira da Reforma em sua forma mais pura – quando se reuniu para estabelecer o governo dos Estados Unidos, recusou-se a tratar a fé como um assunto a ser regulamentado por um corpo governamental, ou cujo dirigente fosse o monarca ou o próprio Estado.

"*A nova nação*, reivindicando o direito de individualidade mesmo na religião, e sobretudo na religião, *atreveu-se a dar o exemplo de aceitar em suas relações com Deus o princípio primeiramente ordenado por Deus na Judeia*. Ela deixou a gestão das coisas temporais para o poder temporal; mas a Constituição Americana, em harmonia com as pessoas de todos os Estados, reteve do Governo Federal o poder de invadir a residência da razão, a cidadela da consciência, o santuário da alma. Tal postura não foi fruto de indiferença, mas refletia o desejo de que o infinito Espírito da verdade eterna Se movesse em Sua liberdade, pureza e poder." *Último Capítulo*.

Neste momento quero lhes apresentar o segundo princípio em que fundamentamos nossa oposição a leis dominicais ou a qualquer outra forma de legislação religiosa. Refiro-me ao princípio da Constituição dos Estados Unidos, e sobre esse princípio mantenho que essa proposta de lei dominical *é inconstitucional*.

O propósito desse projeto de lei dominical é totalmente religioso. A última sessão mostra o objetivo de todo esse projeto, que é: "assegurar o descanso a todas as pessoas, [...] e a observância religiosa do dia de descanso". Ninguém, portanto, precisa esquivar-se da força das objeções contra este projeto alegando que a observância exigida nesse dia não é religiosa, mas *civil*, pois, no próprio projeto de lei é claramente afirmado que seu propósito não é apenas garantir descanso para todos, mas garantir também a observância *religiosa* do dia de repouso. Não existe uma única referência no projeto de lei que sugira algum tipo de observância civil desse dia. A palavra *civil* não é usada neste projeto de lei. Trata-se de um projeto completamente religioso. O título do projeto declara que seu objetivo é garantir às pessoas que o dia do Senhor seja desfrutado como dia de descanso "e promover sua observância como dia de *culto religioso*". A primeira sessão define o dia do Senhor; a segunda sessão se refere ao dia como dia de adoração e descanso; e a terceira sessão se refere a ele como dia de culto religioso; a quarta sessão se refere a sua observância como adoração religiosa; e a sexta sessão claramente afirma – o que ficou evidente em todo o documento – que o objetivo do projeto de lei é "assegurar o descanso a todas as pessoas, [...] e a observância *religiosa* do dia de descanso", no primeiro dia da semana.

É a observância religiosa do domingo que seus defensores, de uma ponta do país a outra, têm em vista aqui. Na convenção que está em sessão agora nesta cidade, trabalhando em prol deste projeto de lei, o Dr. Crafts disse ontem mesmo: "Excluindo a religião do dia, exclui-se o descanso também".

No "*Boston Monday Lectures*", em 1887, Joseph Cook, palestrando sobre o assunto de leis dominicais, afirmou:

> "A experiência de séculos nos mostra, contudo, que vocês irão em vão tentar preservar o domingo como dia de descanso, a menos que o preservem como dia de adoração. A menos que a observância do dia de descanso[3] seja *fundamentada sobre razões religiosas*, vocês não conseguirão mantê-la num alto padrão com base apenas em considerações econômicas, fisiológicas e políticas."

E na Convenção Dominical do Estado de Illinois realizada em Elgin, em 8 de novembro de 1887, o Dr. W. W. Everts declarou que o domingo é o "teste de toda a religião"

O domingo é uma instituição totalmente religiosa. Legislação dominical, onde quer que seja encontrada, não passa de legislação religiosa; e esse projeto, segundo seus termos, não pretende ser nada mais do que religioso. Uma vez que o projeto é exatamente isso – uma legislação religiosa – ele é claramente inconstitucional. Como prova, apresento as seguintes considerações:

Todos os poderes do Congresso constituem poderes delegados. Ele não tem nenhum outro poder além desse. O Artigo X das Emendas à Constituição declara expressamente que:

> "Os poderes não delegados aos Estados Unidos pela Constituição, ou proibidos por ela aos Estados, são reservados aos Estados respectivamente, ou ao povo"

---

[3] "Sabbath observance" – Conforme já ressaltado na nota 2 (p. 29), nos países de fala inglesa, o termo bíblico *Sabbath* [sábado] é usado principalmente pelos protestantes conservadores para se referir ao domingo como dia de descanso.

Em todos os poderes, dessa forma delegados ao Congresso, não há nada que insinue alguma delegação de poder para legislar sobre qualquer questão religiosa, ou com respeito à observância de qualquer instituição religiosa ou rito. Por conseguinte, este projeto de lei dominical, dada a sua natureza religiosa, é inconstitucional; e qualquer legislação relacionada ao domingo será inconstitucional. Pelo fato de o domingo ser uma instituição religiosa, qualquer legislação feita pelo Congresso concernente à sua observância será inconstitucional enquanto a Constituição dos Estados Unidos da América permanecer tal como é agora.

Isso não é tudo. A nação não foi deixada em dúvida quanto a ser intencional ou não esta omissão na Constituição no que diz respeito a essa delegação de poder. A primeira emenda da Constituição, ao declarar que "O Congresso não fará nenhuma lei relacionada ao estabelecimento de uma religião ou que proíba o seu livre exercício", mostra que a omissão em delegar esse poder foi intencional, e essa intencionalidade se tornou enfática ao se proibir de forma absoluta que o Congresso exercesse qualquer poder no que diz respeito à religião. É impossível elaborar uma lei de natureza religiosa que não venha a proibir o livre exercício da religião. Portanto, a primeira emenda da Constituição proíbe absolutamente o Congresso de criar qualquer lei referente a qualquer assunto religioso ou à observância de qualquer rito ou instituição religiosa.

Além disso, a Associação para a Reforma Nacional reconhece – e tem sustentado isso por 25 anos – a inconstitucionalidade da elaboração de leis dominicais por parte do Congresso. Todavia, a Associação para a Reforma Nacional é uma das instituições mais proeminentes em insistir nesse projeto de lei; e o secretário dessa Associação se levantou hoje para pleitear sua aprovação. Isso só mostra que eles estão conscientemente desejosos de recorrer a um expediente inconstitucional para garantir o ambicionado poder a que aspiram a fim de alcançar seus propósitos. Quanto ao Dr. Crafts e seus companheiros de trabalho, se sabem ou não que esse é um ato inconstitucional, não podemos dizer. Nos anúncios da Convenção da Lei Dominical Nacional (11-13 de dezembro de 1888), que está sendo realizada nesta cidade, declarou-se que a igreja onde a convenção deveria se reunir estaria ornamentada com os nomes de seis milhões de peticionários. Contudo, no início do primeiro encontro foi declarado que havia *catorze* milhões de nomes ali. Foi feita uma pergunta questionando a razão pela qual o número, de repente, havia crescido tanto. A Sra. Bateham foi chamada novamente à plataforma para responder à pergunta, e, ao responder, explicou que a causa do crescimento repentino e numeroso se explicava pelo fato de o Cardeal Gibbons ter escrito uma carta endossando o projeto de lei, e somente pela força de seu nome, sete milhões e duzentos mil católicos foram contados como *peticionários*.

Essa não foi uma resposta satisfatória à questão, visto que a carta do Cardeal não autoriza o tipo de uso que se fez dela, pelo menos muito do que veio a público não tem seu endosso. A carta como um todo não se tornou pública ali, pois, como disse o Dr. Crafts, ela era destinada à Comissão do Senado. Ela foi colocada sobre a mesa hoje. Mas a maior parte dela que foi lida referia-se simplesmente à ação do Conselho de Baltimore ao ordenar uma observância mais estrita do domingo. O Cardeal escreveu:

> "Fico muito feliz em acrescentar meu nome aos milhões de outros que louvavelmente lutam contra a violação do sábado cristão [o domingo] por meio de trabalho desnecessário, e que estão se esforçando para promover sua observância de forma decente e adequada mediante criteriosa legislação."

Isso foi tudo. Ele disse: "Fico muito feliz em acrescentar *meu nome*", etc. Ele não disse que acrescentou ou que gostaria de acrescentar sete milhões e duzentos mil outros nomes junto ao dele, ou em seu nome; todavia, foi o que aconteceu. Mas isso não deveria ser uma grande surpresa, porque o mesmo princípio fora adotado antes em todo o país. Se eles conseguiram fazer com que *100* petições virassem *500*, e *240* petições virassem *240 mil* petições, era perfeitamente fácil e inteiramente consistente fazer com que *uma* petição se tornasse em sete milhões, duzentas mil e uma.

Isso também era perfeitamente consistente com o princípio em outro ponto. A petição diz: "Nós, abaixo-assinados, *adultos* residentes dos Estados Unidos, com *21 anos de idade ou mais*, por este meio fazemos a petição", etc. Ao apresentar essa contagem de 7.200.000 peticionários em favor da lei dominical, eles asseguraram que todos esses eram católicos de "21 anos de idade ou mais." Mas não há um homem sequer naquela convenção e não há uma mulher sequer na União de Temperança Cristã da Mulher que não saiba que não há tantos católicos assim nos Estados Unidos de "21 anos de idade ou mais." Eles praticamente afirmaram que todos os católicos dos Estados Unidos têm "21 anos de idade ou mais", visto que anunciaram de forma clara que "todos os católicos romanos" estavam solicitando a lei dominical. Mas como haviam assegurado a mesma coisa acerca das igrejas protestantes em todo o país, por que não poderiam ir além e incluir, da mesma forma, "todos os católicos romanos"? Eles podiam afirmar isso tão honestamente quanto podiam afirmar aquilo. Quando homens e mulheres, confessando-se cristãos protestantes, chegam ao ponto de carregar a Igreja Católica com eles, não é de espantar se estiverem dispostos a recorrer a meios inconstitucionais para fazer com que seu zelo religioso se torne eficaz numa legislação nacional.

Senador Blair – Então o senhor parte do princípio de que este projeto de lei e todas as leis dominicais dizem respeito apenas à relação entre o homem e Deus, e não à relação entre o homem e seu próximo?

Sr. Jones – Sim, senhor, esse é o princípio no qual nos baseamos.

Senador Blair – É nesse exato ponto em que encontro uma falha em sua ponderação original. Antes que você lance por terra o fundamento das leis dominicais, você precisa estabelecer que as leis dominicais não são para o bem de César, isto é, para o bem da sociedade.

Sr. Jones – Eu ainda não tive tempo para provar isso. Provarei plenamente que as leis dominicais não são para o bem de ninguém.

Senador Blair – Vá ao ponto assim que puder. Esse é o ponto em questão aqui que se interpõe entre você e a lei proposta a ser promulgada.

Sr. Jones – Muito bem. Se o Estado obrigar os homens a não fazer trabalho algum, ele estará impondo a ociosidade. A ociosidade é a raiz de ilimitado mal. O provérbio que aprendemos na nossa infância é verdadeiro: "cabeça vazia é oficina de Satanás". Neste mundo, obrigar os homens a ficar desocupados significa forçá-los a uma onda de influências e tentações que, em sua essência, só pode levar ao mal. É do conhecimento geral – e trata-se de um dos principais fundamentos das queixas dos que estão trabalhando em prol das leis dominicais – que, de todos os dias da semana, o domingo é o dia de maior perversidade, e que nele os recordes de crime e violência excedem os de qualquer outro dia da semana, especialmente em cidades grandes.

O Dr. Crafts se refere constantemente a Londres como uma cidade exemplar no que diz respeito à imposição de leis dominicais, mas veio à baila, na última primavera, por um membro desta Comissão, o Senador

Payne, o fato de que houve uma declaração oficial afirmando que "Londres no domingo é a cidade mais imoral e dissipada do planeta". Agora, por que tal ocorre? Eles argumentam que é porque os bares são abertos no domingo. Mas os bares estão abertos em todos os outros dias da semana. Como os bares não ficam mais tempo abertos no domingo do que em qualquer outro dia, por que então há muito mais violência aos domingos do que em outros dias da semana? A razão é que muito mais homens estão desocupados no domingo do que em outros dias da semana. Sobre esse ponto eu tenho uma citação extraída do *Cincinnati Commercial Gazette*, de 10 de março de 1888:

> "Eles declaram o domingo como a ruína moral do povo. Provam essa afirmação mostrando estatísticas de processos criminais para atestar que há mais crimes e violência praticados no domingo do que em todos os outros dias da semana. Por que isso? Por que os bares e tavernas estão abertos? – Eles estão abertos nos outros dias também. A única conclusão plausível é que o domingo é um dia de ociosidade.

> "O argumento deles é absolutamente destrutivo para o benefício do costume de um dia de descanso. Eles continuamente afirmam que um dia de repouso constitui o próprio fundamento da religião, da moralidade e da sociedade, e, ao mesmo tempo, declaram incessantemente que o costume de interromper o trabalhar no domingo nas cidades fez com que ele se tornasse um dia de ruína moral. A que remédio querem recorrer para impedir a ruína que creem ser produzida pelo dia de ociosidade? – *Estabelecer leis mais rigorosas para impor a ociosidade*. Argumentando que a ociosidade neste dia conduz a humanidade à ruína moral, eles reivindicam uma imposição mais rígida da ociosidade, a fim de levar a humanidade aos caminhos da salvação.

> "Certamente eles precisam revisar suas bases oportunamente antes de procederem de maneira racional no caminho da legislação. Vender cerveja no domingo não é um pecado maior do que em outros dias. A razão de haver mais crimes de violência no domingo do que em outros dias – se isso é um fato – não é porque os bares estão abertos, mas sim porque as pessoas estão ociosas. O benefício de um dia de descanso para os trabalhadores precisa ser contrabalançado com a desvantagem desse inevitável mal gerado pela ociosidade e pela indulgência para com os apetites. A *causa* é a *cessação das ocupações*."

Esse argumento é inteiramente razoável. Submetemos à consideração de cada mente sincera que seria muito melhor permitir aos homens continuar suas honestas ocupações no domingo, como fazem nos outros dias da semana, do que obrigá-los a ficar desocupados e assim forçosamente lançá-los no caminho das tentações e males que afligem os homens neste mundo. Nenhum Estado tem o direito, por conseguinte, de criar, em qualquer momento, leis que obrigam os homens a viver a ociosidade como as leis dominicais fazem.

Mais do que isso, proibir os homens de continuarem suas ocupações honestas em qualquer tempo, sob pena de multas ou aprisionamento, ou mesmo ambos, coloca o Estado numa situação em que ele relega ocupações honestas para a esfera do crime, e passa a premiar a ociosidade e a negligência. É bem conhecido que, em muitas localidades, se um homem se der ao luxo de ficar desocupado no domingo, é provável que passe a praticar, sem qualquer limite, toda sorte de dissipação e maldade, exceção feita a atos de violência direta, sem medo de ser processado ou sofrer penalidade de qualquer espécie. Mas se qualquer cidadão, tranquilo e trabalhador, escolher atuar em sua honesta ocupação, indo calmamente cuidar dos seus negócios em suas próprias instalações no domingo, ele se torna alvo de acusações e sujeito a pagar multas pesadas e talvez até a ir preso. Isso nada mais é do que premiar a impiedade. Nenhum Estado pode se dar ao luxo de transformar ocupações honestas em crimes. Nenhum Estado pode se dar ao luxo de premiar a ociosidade e toda a perversidade decorrente dela.

Todas essas denúncias de maldade, violência e impiedade aos domingos, tão ampliadas pelos que labutam em prol de leis dominicais, representam uma confissão pública aberta de que a maldade é uma consequência de ociosidade imposta, e isso, por si só, é o mais forte argumento que pode ser apresentado contra as próprias leis pelas quais estão pleiteando. Os Estados da União, por todos esses anos, têm semeado ventos sobre esses assuntos e estão agora colhendo tempestades. E, o pior de tudo, é que estão propondo curar os males de toda essa ociosidade compulsória mediante a imposição mais severa de mais ociosidade em toda a nação, com o uso do poder nacional.

Pode-se argumentar que essa situação é fruto da sabedoria de Deus em designar um dia de descanso; mas esse não é o caso. Deus determinou o dia de descanso para um propósito, e esse propósito é que os homens se lembrassem Dele ao contemplar as obras de Sua criação e O adorassem como Criador.

A intenção do mandamento que ordena a observância do dia de descanso é a de honrar a Deus e adorá-Lo como Criador. Essa adoração e as obrigações religiosas que Deus associou ao sábado são considerações que sempre impedirão que o dia de repouso se torne um tempo ocioso para aqueles que o observam em obediência a Ele. Esse culto a Deus, bem como as cláusulas religiosas que Ele colocou sobre o sábado são as únicas providências que podem evitar que o dia de descanso se torne um dia de ociosidade. Os que defendem este projeto de lei dominical estão bem conscientes disso. Todo esse princípio está incorporado na declaração que o Dr. Crafts fez aos *Knights of Labor* [Cavaleiros do Trabalho][4], que diz: "Se você remover a *religião* do dia, o *descanso* desaparece". O mesmo princípio está evidente também nas palavras de Joseph Cook, já citadas anteriormente, que afirmam que vão é o esforço de garantir a obrigatoriedade de um dia de descanso, a menos que ele seja imposto como *dia de adoração*; e a menos que ele seja fundamentado em motivos *religiosos*, não poderá ser mantido por muito tempo.

Assim, esses mesmos homens defendem o ponto que aqui advogo: que são somente as sanções religiosas e a adoração que podem consistentemente impedir um dia de descanso de ser um dia de ociosidade e de consequente impiedade. Mas *é somente Deus* quem pode determinar essas sanções; *o Estado jamais poderá fazê-lo*. Assim, o próximo passo na agenda daqueles que estão exigindo essa lei é fazer com que o Estado busque suprir as sanções religiosas que pertencem ao dia de descanso, e são estas apenas que podem manter o dia isento de ociosidade e males. Contudo, eles sabem que o Estado não possui nenhuma dessas sanções religiosas; e sabem também que tais sanções terão de ser supridas ao Estado pela igreja e, em seguida, a igreja irá exigir que o Estado, mediante seu poder, as imponha sobre os cidadãos.

Isso é precisamente o que está sendo proposto. O Reverendo Sam Small, num sermão proferido na cidade de Kansas no último inverno, expressou sua visão e a de muitos outros quando disse:

> "Anseio ver o dia chegar quando a igreja poderá ser o árbitro de todas as legislações – municipais, estaduais e federais; quando as grandes igrejas do país puderem se unir harmoniosamente, e emitir seus editos, e os poderes legislativos respeitá-los e adotá-los como leis."

---

[4] Os Knights of Labor (K of L), chamados oficialmente de Nobre e Santa Ordem dos Cavaleiros do Trabalho foi a maior e uma das mais importantes organizações trabalhistas dos Estados Unidos.

Mas qualquer tentativa de impor observâncias religiosas somente reforça a hipocrisia e multiplica o pecado, pois amor a Deus é essencial para cada ato de serviço religioso. Quando um homem presta obediência ou reverência a Deus sem ter amor por Ele no coração, ele somente O desonra e violenta sua própria natureza. Quando alguém obedece a Deus, ou pratica alguma observância religiosa por motivos não altruístas, comete pecado. E quando o Estado exerce seu poder para obrigar as pessoas a comportar-se de forma religiosa, fingindo honrar a Deus, quando não tem no coração nenhum amor por Ele, este, na verdade, está apenas forçando-as à hipocrisia, e obrigando-as a cometer pecado, o qual, aumentado e multiplicado pelo emprego da força nacional, terá como fim a ruína, e isso rapidamente.

O Sr. Buckle expressou esse pensamento de forma muito veemente:

"Dessa forma, os homens, constrangidos a mascarar seus pensamentos, incorrem no hábito de garantir segurança através da falsidade, e de angariar a impunidade por meio do engano. Assim, a fraude se torna uma necessidade vital; a insinceridade torna-se um costume diário; vicia-se toda a essência do sentimento público, e um grande volume de vício e erro é terrivelmente aumentado."

Por conseguinte, é somente para seu próprio risco que o Estado pode impor a observância de um dia de descanso.

Mais do que isso, se o Estado se permitir ser comandado pela igreja, como aqui proposto pelo Sr. Small, ele a estará tornando superior ao poder civil, um estado de coisas que resultará em nada mais do que despotismo religioso, que é a pior forma de despotismo. Assim, seja qual for a linha de raciocínio relacionada ao assunto, fica demonstrado que, se o Estado determinar um dia de descanso obrigatório, o resultado será somente males. Portanto, minha argumentação comprova que leis dominicais não são para o bem de ninguém.

Além disso, como são apenas sanções religiosas que cercam um dia de descanso, e que somente elas podem evitar que ele se torne um dia ocioso e, consequentemente, maléfico; e visto que apenas Deus pode prover essas sanções, conclui-se que a observância do dia de descanso só pode ser prestada a Deus. Só Ele pode exigir sua guarda; só Ele pode assegurá-la. E por se tratar de um dever que pode ser rendido apenas a Deus, somos levados mais uma vez diretamente à ordem de Jesus Cristo, de dar a Deus, e não a César, o que pertence a Deus – uma injunção que proíbe claramente a ingerência do Estado na observância do dia de repouso bíblico.

Toda esta linha de argumentação é sustentada plenamente pelo próprio mandamento do sábado. Esse mandamento diz:

> "Lembra-te do dia de sábado, para o santificar. Seis dias trabalharás e farás toda a tua obra. Mas o sétimo dia é o sábado do Senhor, teu Deus; não farás nenhum trabalho, nem tu, nem o teu filho, nem a tua filha, nem o teu servo, nem a tua serva, nem o teu animal, nem o forasteiro das tuas portas para dentro; porque, em seis dias, fez o Senhor os céus e a terra, o mar e tudo o que neles há e, ao sétimo dia, descansou; por isso, o Senhor abençoou o dia de sábado e o santificou."

Eis as razões: primeiro, Ele descansou no sétimo dia; segundo, Ele abençoou o dia de sábado e o santificou. A possibilidade de ficar cansado não é uma razão dada para não trabalhar no sétimo dia. Deus não disse que no sétimo dia não devemos fazer qualquer tipo de trabalho para não corrermos o risco de esgotar ou destruir nosso sistema físico. Não disse nada semelhante. As necessidades físicas do homem não são mencionadas no mandamento. Ele diz: trabalhem seis dias, porque *o Senhor* trabalhou seis dias; descansem no sétimo dia, porque *o Senhor* descansou no sétimo dia. Santifiquem esse dia porque o Senhor o abençoou e o santificou. É sobre o Senhor que recai o foco das atenções. É o Senhor que deve ser exaltado. Portanto, o quarto mandamento e suas obrigações têm que ver unicamente com o relacionamento entre Deus e o homem. O foco do mandamento do sábado não são as necessidades *físicas* do homem, mas suas necessidades *espirituais*. Destina-se a ser um dia de adoração a Deus, um dia de santa lembrança Dele e de meditação em Suas obras. O dia é para ser *santificado*. Se ele não for santificado, de forma alguma ele é guardado. Quando o Estado toma sobre si a responsabilidade de obrigar a observância do sábado ou do dia do Senhor, quer seja o primeiro ou o sétimo dia da semana, ele está exigindo das pessoas algo que não lhe pertence, mas que é propriedade exclusiva de Deus. Quando o Estado se encarrega de garantir a observância do dia de descanso, ele está se incumbindo de algo que, para ele, é uma tarefa impossível, porque a santidade não é um atributo do governo civil, tampouco tem ele o poder ou as credenciais para promover a santidade; e como já ficou demonstrado, tudo o que ele pode conseguir em seus esforços nesse sentido é promover a ociosidade e premiar a irresponsabilidade, o que, para o próprio bem-estar da sociedade, ele jamais pode se permitir fazer. Se o governo se encarregar de prover, mediante quaisquer fontes, as sanções religiosas, que são as únicas capazes de manter o dia livre de ociosidade – o grande promotor da impiedade –, ele só reforçará a hipocrisia e aumentará o pecado.

Repito, portanto, com base em toda consideração lógica sobre o assunto, que mantenho minha proposição de que as leis dominicais não são para o bem de ninguém ou de qualquer coisa neste mundo.

Senador Blair – Você entende que esse projeto de lei tem como alvo levar todos a adorar a Deus?

Sr. Jones – Sim, senhor, eu afirmo que esse é seu propósito, e vou prová-lo através de declarações de pessoas que compareceram hoje aqui. Mas antes tenho alguns outros pontos a trazer, e desejo introduzir meu argumento histórico. Quero que todos compreendam que foi dessa forma que o papado se estabeleceu no quarto século. Lerei, talvez, tudo aquilo que devo expor sobre esse ponto, no livro *História da Igreja,*[5] de Neander, Vol. 2, edição do Prof. Torrey, Boston, 1852. Somente posso referir-me ao texto pela página. Como já relatei, o império romano foi forçado pelos princípios de Cristo a reconhecer o direito de cada ser humano de prestar culto como bem entendesse. Esse direito foi reconhecido no Edito de Milão em 312 d.C. Mas a liberdade de consciência se manteve equilibrada na balança só por certo tempo. Então o bispado, movido por aquela ambição que resultou no papado, assumiu o controle e seguiu adiante com aquele curso de ação que culminou no arrogante despotismo da Idade Média. Quero apenas que vocês percebam como isso aconteceu e não terão então dificuldades em visualizar a tendência do presente movimento.

Neander relata:

> "De fato, surgira na igreja uma falsa teoria teocrática, cuja origem não se encontrava na essência do evangelho, mas na confusão quanto aos sistemas religiosos do Antigo e do Novo Testamentos [...], que trouxe consigo uma oposição anticristã do poder espiritual contra o poder secular, e que facilmente poderia resultar na formação de um Estado sacerdotal, subordinando o poder secular a si mediante um método falso e de aparência exterior" (p. 132).

Uma teoria teocrática de governo tendente a subordinar o poder secular ao religioso era a estratégia. Em outras palavras, a igreja tinha o

---

[5] *General History of the Christian Religion and Church,* traduzido por Joseph Torrey, 1847.

objetivo de tornar o poder eclesiástico superior ao civil. Esses bispos teo-cráticos fizeram com que eles próprios e seus poderes se tornassem uma necessidade para Constantino, o qual, para garantir o apoio deles em seu império, converteu-se politicamente à forma do cristianismo, e fez dele a religião oficial do império, como acrescenta Neander:

> "Essa teoria teocrática já era dominante no tempo de Constantino, e [...] os bispos voluntariamente se fizeram dependentes dele em suas disputas, e determinaram fazer uso do poder do Estado para a promoção dos seus objetivos" (Idem).

Como resultado dessa teoria teocrática de governo surgiu o papado, que de fato subordinou o poder civil ao eclesiástico, e devemos estar pre-cavidos contra esse mesmo espírito nos Estados Unidos hoje, assim como em outros países.

Quero que vocês entendam que existe uma teoria teocrática funda-mentando todo esse projeto. O Sr. Bateham afirmou que a União de Tem-perança Cristã da Mulher iniciou este movimento pouco tempo atrás, e que elas o haviam promovido com intensidade. Qual é o objetivo delas no governo civil? Vou citar aqui a revista mensal da União de Temperança Cristã da Mulher de setembro de 1886 – uma revista mensal para todas as Uniões locais do país. Aqui diz o seguinte:

> "Uma verdadeira teocracia ainda está por vir, e a entronização de Cristo na lei e nos legisladores. Então, oro fervorosamente como uma cristã patriota, pelo direito de voto das mulheres, e alegro-me de que a União Nacional de Temperança Cristã da Mulher tenha por tanto tempo defendido essa causa."

Como vocês podem ver, uma teoria teocrática está por trás desse movimento, e novamente está ganhando força para interferir em assuntos civis para estabelecer uma teocracia e, por fim, subordinar o poder civil ao poder eclesiástico.

Senador Blair – Você crê que a questão de conceder às mulheres o direito ao voto é uma questão religiosa?

Sr. Jones – Não. Eu fiz a leitura somente com o propósito de provar que existe uma teoria teocrática por trás do movimento como houve no quarto século. Só quis estabelecer um paralelo.

Senador Blair – Mas o paralelo parece sugerir que a extensão do direito de voto às mulheres é um propósito divino e representa a introdução de uma forma teocrática de governo?

Sr. Jones – Sim, elas querem ir às urnas para que possam fazer com que a teocracia seja bem-sucedida.

Senador Blair – Então você é contrário ao direito de voto das mulheres?

Sr. Jones – Eu seria contrário ao direito de voto das mulheres, ou de qualquer outro tipo de direito de voto, cujo objetivo fosse o de estabelecer uma teocracia.

Senador Blair – Mas essa não é a questão. É possível que essas mulheres não tenham expressado bem o próprio pensamento delas.

Sr. Jones – Não, pois tenho outras provas. Permita-me lê-las.

Senador Palmer – Você crê que elas ali pretendem criar uma teocracia prática?

Sr. Jones – Acredito que sim; mas permita-me ler algo mais e o senhor constatará o fato nas próprias palavras delas.

Senador Blair – Se essas mulheres estão tentando subverter as instituições do país e estão a ponto de estabelecer um Estado sacerdotal, deveríamos tomar conhecimento disso.

Sr. Jones – Isso é verdade, e esta é a razão por que estou discursando aqui. Queremos que a nação saiba disso.

Senador Blair – Essas mulheres precisam estar sob observação, eu admito.

Sr. Jones – Nesse sentido, concordo, e há muitos homens envolvidos nessa mesma empreitada.

Senador Blair – Caso contrário, ela não seria perigosa.

Sr. Jones – Ela seria perigosa de qualquer forma. Uma teoria teocrática de governo é perigosa em qualquer lugar. É anticristã, bem como contrária ao direito e aos princípios de justiça.

Senador Blair – Você entende que o governo dos Céus é uma teocracia?

Sr. Jones – Sim, senhor. Mas um governo civil – um governo terreno – não é.

Senador Blair – Então por que ela seria perigosa?

Sr. Jones – Governos terrestres não são perigosos quando adequadamente controlados.

Senador Blair – Elas apenas dizem que uma verdadeira teocracia está por vir. Espera-se que o milênio esteja a caminho; talvez elas tenham se referido apenas ao milênio que ainda não chegou, de forma que terão que esperar alguns anos antes de vê-lo chegar.

Sr. Jones – Mas gostaria de ler que tipos de leis elas propõem estabelecer a fim de fazer com que o milênio chegue.

Senador Blair – Até o ponto em que você leu, você ainda não tocou na questão. Afinal, elas afirmam que uma verdadeira teocracia ainda está por vir, e pode ser que elas estejam se referindo à descida da Nova Jerusalém, quando a nova teocracia se estabelecerá.

Sr. Jones – Não, senhor, porque nenhuma verdadeira teocracia jamais poderá se estabelecer mediante leis civis, por meio da política ou das urnas.

Senador Blair – Isso não se pode absolutamente dizer com certeza.

Sr. Jones – Pelas Escrituras, pode sim.

Senador Blair – Não sei. Já li a Bíblia várias vezes. Mas vá em frente.

Sr. Jones – O governo de Israel era uma verdadeira teocracia. Tratava-se, de fato, de um governo divino. No episódio da sarça ardente, Deus comissionou Moisés para conduzir Seu povo para fora do Egito. Através de sinais, prodígios e diversos milagres poderosos, Deus libertou Israel do Egito, conduzindo-o pelo deserto até chegarem finalmente à terra prometida. Ali, Ele os governou por juízes "até o profeta Samuel", a quem, quando ainda criança, Deus falou, e por quem deu a conhecer Sua vontade. Nos dias de Samuel, o povo pediu um rei. Isso lhes foi concedido, e Deus escolheu Saul, que foi ungido rei de Israel por Samuel. Saul, porém, deixou de fazer a vontade de Deus; e visto ter ele rejeitado a palavra do Senhor, o Senhor o rejeitou como rei, e enviou Samuel para ungir Davi rei de Israel; e Deus estabeleceu o trono de Davi para sempre. Quando Salomão herdou o reino em lugar de Davi, seu pai, o registro bíblico diz: "Salomão assentou-se no *trono do Senhor*, rei, em lugar de Davi, seu pai (1 Crônicas 29:23). O trono de Davi era o trono do Senhor, e Salomão se assentou nesse trono como monarca do reino terrestre de Deus. A linha de sucessão ao trono foi de Davi até Zedequias, que se tornou vassalo do rei da Babilônia. Zedequias entrou num pacto solene diante de Deus comprometendo-se a prestar lealdade ao rei da Babilônia. Zedequias, porém, quebrou seu pacto; e Deus, então, lhe disse:

> "E tu, ó profano e perverso, príncipe de Israel, cujo dia é vindo, quando a iniquidade terá um fim; assim diz o Senhor Deus: Remove o diadema e tira a coroa; isso não será o mesmo; exalte o humilde e abata o soberbo. Derribarei, derribarei, derribarei; e já não será, até que venha Aquele a quem pertence por direito; a Ele a darei" (Ezequiel 21:25-27, trad. lit. KJV; ver cap. 17:1-21).

O reino ficou então sujeito a Babilônia. Quando Babilônia caiu e a Média-Pérsia a sucedeu, o reino foi derrubado uma vez. Quando a Média-Pérsia caiu e em seu lugar dominou a Grécia, ele foi derrubado pela segunda vez. Quando o império grego deu espaço a Roma, o reino foi derrubado pela terceira vez. A Palavra de Deus diz então: "E [a 'coroa' real] já não será, até que venha Aquele a quem pertence por direito; a Ele a darei." Quem é Aquele a quem ela pertence por direito? Assim dizem as Escrituras: "[Tu O] chamarás pelo nome de Jesus. Este será grande e será chamado Filho do Altíssimo; Deus, o Senhor, Lhe dará o trono de Davi, Seu pai; Ele reinará para sempre sobre a casa de Jacó, e o Seu reinado não terá fim" (Lucas 1:31-33). E enquanto Ele esteve aqui como "esse profeta", homem de dores, familiarizado com o sofrimento, Ele declarou na noite em que foi traído: "Meu reino não é deste mundo". Assim, o trono do Senhor foi removido deste mundo, e "já não será, até que venha Aquele a quem pertence por direito". Então o reino Lhe será dado. *Essa ocasião* será o fim do mundo, e o começo do "mundo por vir". É por isso que, enquanto este mundo que conhecemos permanecer, uma verdadeira teocracia jamais poderá ser estabelecida nele novamente. Consequentemente, desde a morte de Cristo até o fim do mundo, qualquer teoria sobre uma teocracia terrestre não passa de uma falsa teoria e qualquer pretensão a ela representa uma falsa pretensão. Não importa o lugar em que qualquer teoria dessa natureza for proposta e advogada, quer seja em Roma no quarto século ou aqui no século dezenove, ela traz em si tudo o que o papado representa ou que sempre pretendeu ser – coloca um homem no lugar de Deus.

Agora lerei outra declaração relacionada ao propósito da União de Temperança Cristã da Mulher. Ela foi extraída do discurso anual da presidente da União Nacional na convenção de Nashville, em 1887:

"A União de Temperança Cristã da Mulher, em seu âmbito local, estadual, nacional e mundial, tem um único pensamento orgânico e vital, um propósito todo-absorvente, um entusiasmo imperecível, que é o de que Cristo será *o rei deste mundo*."

Senador Blair – "Será"!

Sr. Jones – "Será o rei deste mundo".

Senador Blair – Mas você é um clérigo e você leu a Bíblia para nós.

Sr. Jones – Em alguns instantes vou ler uma passagem que vai direto a esse ponto.

Senador Blair – Mas não está na própria Bíblia que o tempo em que Cristo deverá ser o rei é o tempo presente?

Sr. Jones – Vou ler uma passagem da Bíblia em conexão com esse assunto. Permita-me finalizar aquela declaração anterior:

"A União de Temperança Cristã da Mulher, em seu âmbito local, estadual, nacional e mundial, tem um único pensamento orgânico e vital, um propósito todo-absorvente, um entusiasmo imperecível, que é o de que Cristo será *o rei deste mundo*; sim, verdadeiramente, O REI DESTE MUNDO em seu domínio de causa e efeito – rei de seus tribunais, de sua vida militar, de seu comércio; rei de suas faculdades e conventos; rei de seus costumes e constituições. [...] O reino de Cristo deve penetrar a esfera da lei mediante os portais da política."

Essa é a ênfase contida na expressão "*o rei deste mundo*". Contudo, o próprio Jesus Cristo disse: "Meu reino não é deste mundo". Então é inegável que a União de Temperança Cristã da Mulher se posiciona de forma contrária às palavras de Jesus Cristo ao afirmar que Ele "será o rei deste mundo", e que esse reino "deve penetrar a esfera da lei mediante os portais da política". Jesus Cristo tem alcançado entrada neste mundo por meio dos portais do evangelho e não da política.

Esse propósito não se encerrou na convenção da União de Temperança Cristã da Mulher de Nashville. Essa proposição foi repetida na Convenção Nacional de Nova Iorque no último verão, mediante a seguinte resolução:

"*Resolvido* que Cristo e Seu evangelho, como Rei universal e de todas as leis, devem ser soberanos em nossos assuntos governamentais e políticos."

Muito bem, vamos aplicar essa resolução. Suponhamos que o evangelho fosse adotado como código civil deste governo. É dever de cada tribunal agir de acordo com esse código. Há uma lei nesse código que diz:

> "Se teu irmão pecar contra ti, repreende-o; se ele se arrepender, perdoa-lhe. Se, por sete vezes no dia, pecar contra ti e, sete vezes, vier ter contigo, dizendo: Estou arrependido, perdoa-lhe."

Vamos supor então que um homem roubou um cavalo. Ele é preso e condenado como culpado. Ele diz: "Estou arrependido". "Você deve lhe perdoar", diz o código. O governo deve se conformar com o código. O ladrão é liberto e repete o ato; é preso novamente e condenado como culpado. Ele diz: "Estou arrependido". "Perdoa-lhe", diz o código. E se ele repetir a ofensa sete vezes num dia, e sete vezes voltar à corte dizendo: "Estou arrependido", o governo deve lhe perdoar, pois assim ordena o código que a União de Temperança Cristã da Mulher acredita que deveria ser o código governamental.

Qualquer sistema como esse destruiria o governo civil em 24 horas. Isso não é uma crítica contra a Bíblia ou contra os seus princípios. O exemplo simplesmente ilustra a absurda perversão dos princípios bíblicos por essas pessoas que querem estabelecer um sistema de legislação religiosa em nosso país. O governo de Deus é moral, e Ele estabeleceu provisões para mantê-lo com o perdão da transgressão. Mas Ele não fez esse tipo de provisão para o governo civil. Nenhuma provisão dessa natureza pode ser estabelecida e ao mesmo tempo manter a estabilidade do governo civil. A Bíblia revela o método de Deus para salvar os que pecam contra Seu governo moral. O governo civil representa o método humano para preservar a ordem, e não tem nada que ver com o pecado ou com a salvação de pecadores. Se o governo civil prender um ladrão ou um assassino e o declarar culpado, a penalidade precisa ser executada, embora o Senhor verdadeiramente lhe perdoe.

A referida teoria teocrática parece estar impregnando toda a organização, pois o oitavo distrito da União de Temperança Cristã da Mulher, em Augusta, Wisconsin, de 2 a 4 de outubro de 1888, representando quinze municípios, aprovou esta resolução:

> "Considerando que Deus desejaria que todos os homens honrassem o Filho, assim como honram o Pai; e,

> "Considerando que a lei civil que Cristo deu no Sinai é a única lei perfeita, e a única que assegurará os direitos de todas as classes, concluímos:
>
> "*Resolvido* que o governo civil deve reconhecer a Cristo como o Governador moral e Sua lei como a norma da legislação."

A lei que Cristo deu no Sinai não é uma lei civil; ela é uma lei moral. Mas se fosse uma lei civil e aquele um governo civil, que relacionamento um governo civil iria querer ter com um Governador *moral?* Essas distintas mulheres deveriam ser informadas de que o governo civil está baseado na lei civil e tem somente governadores civis. Um governo moral é fundamentado em leis morais e tem apenas um Governador moral. Qualquer teoria governamental que confunda esses dois modelos de governo está criando uma teoria teocrática, que é precisamente a teoria governamental da União de Temperança Cristã da Mulher, conforme demonstrado através dessas provas. E qualquer teoria teocrática de governo, desde a morte de Cristo, representa a teoria do papado.

Esses excertos lidos provam que o propósito da União de Temperança Cristã da Mulher *é* o estabelecimento de "uma teocracia prática". Por favor, não me entendam mal nesse ponto. Não há ninguém que tenha mais respeito e deseje o melhor para a União de Temperança Cristã da Mulher, no que diz respeito ao trabalho legítimo que realizam, do que nós. Somos abertamente a favor de união, de união de temperança, de união de temperança cristã, e de união de temperança cristã da mulher. Mas *não* concordamos com nenhum tipo de união de temperança cristã política, nem com qualquer união de temperança teocrática. Desejamos sinceramente que a União de Temperança Cristã da Mulher se paute pelo seu texto, e trabalhe pela temperança cristã por meios cristãos em vez da temperança cristã por meios políticos ou da temperança política por meios teocráticos. Acredito na temperança cristã. Não somente creio nela como a pratico. Pratico a temperança cristã até mais estritamente do que a União de Temperança Cristã da Mulher tem pregado. No entanto, apesar de crer nela completamente, e me esforçar para praticá-la estritamente, eu nunca daria meu voto ou usaria minha voz para *obrigar* as pessoas a praticar a temperança cristã na qual creio e pratico. O cristianismo persuade as pessoas ao invés de obrigá-las. Pela pureza e amor de Cristo, o cristianismo atrai os homens em vez de obrigá-los a vir. Não é pelo poder do governo civil, mas pelo poder do Espírito Santo que o cristianismo assegura a obediência dos homens e a prática da temperança cristã.

O estabelecimento de uma teocracia é o objetivo dos principais articuladores deste movimento em favor da lei dominical – o mesmo objetivo que moveu os líderes da igreja do quarto século. E qual foi o resultado desse movimento naquela época? Leio novamente:

> "Esta teoria teocrática já era prevalecente no tempo de Constantino; e [...] os bispos voluntariamente se fizeram dependentes dele mediante suas disputas, *e pela determinação que tinham de fazer uso do poder do Estado para a promoção de seus objetivos*" (Neander, p. 132).

Visto ser essa a teoria deles, cujo resultado foi a determinação de "fazer uso do poder do Estado para a promoção dos seus objetivos", surge a questão: Que meios empregaram eles para garantir o controle desse poder? A resposta é: eles conseguiram tal controle *por meio de leis dominicais*.

O primeiro e maior objetivo dos dirigentes religiosos políticos daquela época era a promoção de si mesmos; e o segundo objetivo era a exaltação do domingo. Esses dois propósitos haviam sido o principal objetivo dos bispos de Roma por mais de cem anos quando Constantino lhes deu a chance de alcançar com êxito suas metas através do poder do Estado. As arrogantes pretensões do bispo de Roma de garantir o poder sobre toda a igreja, mediante a promoção do domingo, foram primeiramente reivindicadas por Victor, o bispo de Roma de 193 a 202 d.C.

> "Ele escreveu uma carta autoritária aos prelados asiáticos ordenando que imitassem o exemplo dos cristãos do Ocidente com relação ao tempo de celebrar a festa da Páscoa [isto é, ordenando que a celebrassem no domingo]. Os asiáticos responderam a essa altiva requisição [...] com destemido espírito e resolução, declarando que não iriam de forma alguma abandonar dessa maneira os costumes que lhes foram transmitidos por seus antepassados. Após isso, o trovão de excomunhão começou a rugir. Victor, irritado com essa resposta resoluta dos bispos asiáticos, rompeu a comunhão com eles, considerando-os indignos do nome de irmãos e os excluiu de toda a comunhão com a igreja de Roma" (Mosheim, cap. 4, parágrafo 11).

O único meio pelo qual esses líderes da igreja obtiveram da parte de Constantino a garantia de que poderiam usar o poder do Estado foi o famoso decreto que proibia certos tipos de trabalho no "venerável dia do sol". Esse edito dizia:

"Que todos os juízes e todos os habitantes das cidades, e as atividades ligadas ao comércio descansem no venerável dia do sol. Não obstante, os que residem no campo tem a permissão de atenderem livremente e com plena liberdade ao cultivo dos campos, visto acontecer amiúde que nenhum outro dia é tão adequado à semeadura do grão ou ao plantio da vinha, de maneira que os homens, deixando passar o momento crítico da agricultura, não percam as dádivas concedidas pelo céu."

A lei foi promulgada em 7 de março de 321 d.C. Somente juízes, moradores das cidades e mecânicos deviam descansar no domingo. Os trabalhadores do campo estavam completamente livres para exercer suas atividades. Mas isso não satisfez os dirigentes políticos das igrejas por muito tempo. "O foco da primeira lei dominical", diz Sozomen, "era que o dia fosse dedicado com menos interrupções para que se cumprissem propósitos de devoção". E como o governo por essa época já era uma teocracia, era mais do que coerente que todos fossem obrigados a ser religiosos. Consequentemente, uma lei dominical adicional foi acrescentada, que obrigava *todas* as pessoas a não realizar nenhum trabalho no domingo.

"Mediante uma lei datada de 386 d.C., aquelas antigas mudanças efetuadas pelo Imperador Constantino foram mais rigorosamente impostas, e, em geral, as transações civis de todo tipo foram estritamente proibidas aos domingos. Qualquer um que transgredisse essa lei devia ser considerado culpado de sacrilégio" (Neander, p. 300).

Então, como as pessoas não estavam autorizadas a fazer nenhum tipo de trabalho, elas se entregavam ao divertimento, e, como era de se esperar, os circos e teatros espalhados pelo império ficavam abarrotados a cada domingo. Mas o objetivo da lei, desde a primeira decretada, era que o dia fosse usado para fins devocionais, para que as pessoas pudessem ir à igreja. Consequentemente, para cumprir esse objetivo, havia mais um passo a ser tomado, o que de fato aconteceu. Numa convenção da igreja realizada em Cartago no ano 401 d.C., os bispos aprovaram uma resolução para que se enviasse uma petição ao imperador, rogando:

"Que os espetáculos públicos fossem transferidos do domingo cristão, e dos dias de festa, para outros dias da semana" (*Idem*).

A história não diz se essa petição representava ou não os nomes de 14 milhões de peticionários, cuja grande maioria jamais assinou a petição. A história também mantém silêncio se a petição foi endossada por um único homem cuja assinatura foi contada como sete milhões e duzentos mil homens. Porém, a história *não* se cala quanto ao motivo que levou a petição a se tornar necessária. Os próprios peticionários deram a razão:

"As pessoas estão se congregando mais nos circos do que nas igrejas" (*Idem*, ver nota 5 do livro de Neander).

Grande número de pessoas estava empregado nos circos e teatros, dentre os quais muitos eram membros de igreja. Mas, em vez de abrir mão de seus empregos, preferiam trabalhar aos domingos. Os bispos se queixavam de que esses homens eram obrigados a trabalhar, e declararam que isso era perseguição, e pediram uma lei para proteger essas pessoas de tal "perseguição". A igreja havia se tornado um lugar que recebia uma multidão de pessoas não convertidas que se preocupavam muito mais com seus interesses e prazeres mundanos do que com a religião. E como o governo era agora um governo divino, foi considerado apropriado que o poder civil fosse usado para levar todos a mostrar respeito para com Deus, quer pertencessem ou não à igreja, ou quer tivessem ou não respeito para com Deus.

Como as pessoas eram impedidas de trabalhar, elas lotavam os circos e os teatros. Não tinham desejo algum de ser devotas; e visto que eram forçadas a ficar ociosas, uma enxurrada de dissipações se tornou a consequência inevitável. Neander fala a esse respeito:

"Devido à predominante paixão pelas diversões públicas naquela época, especialmente nas grandes cidades, sucedeu que quando os espetáculos caíam nos mesmos dias consagrados pela igreja para alguma festividade religiosa, esses se mostravam um grande empecilho à devoção dos cristãos, embora se deva admitir que isso ocorria principalmente com aqueles cujo cristianismo ocupava o mínimo espaço na vida e no coração" (*Idem*).

Ele complementa:

"Mestres da igreja [...] eram na verdade forçados a admitir que nessa concorrência, o teatro era vastamente mais frequentado que a igreja" (*Idem*).

E a igreja não podia então tolerar qualquer concorrência. Ela desejava o monopólio. Finalmente ela o conseguiu.

Essa petição da Convenção de Cartago não podia ser concedida de imediato, mas no ano 425 d.C., a tão desejada lei foi aprovada. E junto a ela veio a razão que foi apresentada para a primeira lei dominical da história, ou seja:

"A fim de que a devoção dos fiéis estivesse livre de toda perturbação" (*Idem*, p. 301).

É necessário manter em mente, contudo, que a única maneira pela qual a "devoção dos fiéis" era "perturbada" por essas coisas era quando o circo e o teatro eram abertos no mesmo horário dos cultos da igreja; e os "fiéis" preferiam ir ao circo ou teatro, em vez de ir à igreja; e, *assim*, sua "devoção" era "perturbada". E, naturalmente, a única forma de manter a "devoção" de tais "fiéis" livre de toda a perturbação era fechar os circos e os teatros na hora do culto. Dessa forma, e por esse meio, todo motivo que pudesse impedir alguém de ser devoto foi removido das pessoas. Então, logo em seguida, na próxima sentença, Neander afirma:

"Desse modo, a igreja recebeu a ajuda do Estado para a execução de seus objetivos."

Essa declaração está correta. Constantino fez várias coisas para favorecer os bispos. Deu-lhes dinheiro e favores políticos. Ele fez com que suas decisões em casos controversos fossem tão definitivas como se fossem decisões de Jesus Cristo. Contudo, apesar de ter feito muito por eles, ele não lhes deu poder sobre aqueles que não pertenciam à igreja, a ponto de obrigá-los a agir como se pertencessem, exceto no caso da lei dominical. As decisões dos bispos, que Constantino decretava como definitivas, eram obrigatórias apenas para aqueles que voluntariamente escolhessem aquele tribunal [religioso], sem qualquer efeito sobre os demais. Antes desse período, se alguém recorresse para o tribunal dos bispos e ficasse insatisfeito com a decisão, ele podia apelar para o magistrado civil. Esse edito eliminou essa fonte de apelação, todavia não afetava a todos, mas somente aqueles que voluntariamente escolhessem a arbitragem dos bispos. Mas no caso da lei dominical, foi concedido à igreja poder para obrigar os que não pertenciam à igreja, e não estavam sujeitos à jurisdição eclesiástica, a obedecer aos mandamentos da igreja. No caso da lei dominical, foi concedido à igreja o controle do poder civil de forma que, por meio dele, a igreja pudesse obrigar todos os que não pertencessem a ela a agir como se pertencessem. Se vasculharmos inteiramente a história dos tempos de Constantino, ficará comprovado que ele jamais deu à igreja amplos poderes, exceto no que diz respeito à lei dominical. A declaração de Neander é totalmente correta ao ele ressaltar que "desse modo a igreja recebeu a ajuda do Estado para a execução dos seus objetivos".

A obra, contudo, não estava ainda completa. É fato que os bispos já tinham garantido para si o poder do Estado para tirar do povo qualquer desculpa para não ser religioso; mas, desde o início de toda a maquinação, o povo não tinha nenhum desejo genuíno de ser religioso. Eles não tinham nenhum espírito de devoção no coração; e, embora o Estado os houvesse proibido de trabalhar e fechado os circos e teatros aos domingos, as pessoas não queriam ser religiosas. O próximo passo a ser tomado, portanto, seguindo a lógica da situação, foi *obrigá-los*. E os bispos teocráticos estavam à altura da conjuntura. Eles tinham em mãos uma teoria que satisfazia as exigências do momento. E o grande pai e santo da Igreja Católica, Agostinho, foi o criador da seguinte teoria religiosa católica. Ele escreveu:

> "Na verdade, é melhor levar os homens a servir a Deus através da instrução do que pelo medo da punição, ou pela dor. Mas não é porque esse primeiro método seja melhor que este último que ele deva ser negligenciado. [...] Muitos frequentemente devem ser trazidos de volta ao seu Senhor, como servos maus, através da vara do sofrimento temporal, antes de atingirem o mais alto grau de desenvolvimento religioso" (Philip Schaff, *History of the Christian Church*, Vol. 2, seção 27).

Sobre essa teoria, Neander observa:

> "Foi por meio de Agostinho, então, que foi proposta e fundada uma teoria que [...] continha a semente de todo aquele sistema de despotismo espiritual, de intolerância e perseguição, cujo fim foram os tribunais da Inquisição" (*História da Igreja*, p. 217).

A história da inquisição não passa do desdobramento histórico gerado por esta infame teoria de Agostinho. Contudo, essa teoria é tão somente a sequência lógica da tese em que se fundamentam todas as leis dominicais. A igreja induziu o Estado a obrigar toda a população a ficar ociosa para o próprio bem deles. Em seguida, ficou constatado que todos estavam mais inclinados à impiedade. Então, para salvá-los de cair nas mãos do diabo, tentaram compelir todos a ir para o Céu. O trabalho da Inquisição foi sempre fundamentado no amor pelas almas dos homens e para salvá-los do inferno!

Permitam-me resumir as declarações de Neander: Ele discorre sobre a concretização da teoria teocrática daqueles bispos; ressalta também como se tornaram dependentes de Constantino devido a suas disputas e "por sua determinação de usar o poder do Estado para o avançamento de

seus propósitos". Ele menciona então a primeira e a segunda leis dominicais de Constantino, a lei dominical de 386 d.C., a convenção de Cartago,
a resolução e petição de 401 d.C. e a lei de 425 d.C. em resposta a essa
petição. E em seguida, e sem qualquer interrupção, e em referência direta
àquelas leis dominicais, ele afirma: *"Desse modo*, a igreja recebeu a ajuda
do Estado para a execução dos seus objetivos." Ela iniciou essa jornada
com a determinação de alcançar seus fins; e foi o que aconteceu. E foi
"desse modo" que ela conseguiu. E após ter garantido o controle do poder
do Estado, ela o usou para atender a seus próprios objetivos, e por meio de
métodos despóticos próprios, conforme anunciado na teoria inquisitorial
de Agostinho. O primeiro passo, lógica e inevitavelmente, conduziu ao
último; e os líderes teocráticos, em suas ações, tiveram a cruel coragem
de seguir desde o primeiro até o último passo, conforme idealizado nas
palavras de Agostinho e ilustrado na história da Inquisição.

Este é o sistema ao qual pertencem as leis dominicais. Esta é a teoria
sobre a qual elas se baseiam. Elas não têm outro fundamento. O Sr. Elliott,
que falou aqui em defesa deste projeto de lei, sabe que não existe nenhuma
lei na Bíblia que exija a guarda do primeiro dia da semana. Eu poderia ler
uma passagem de seu próprio livro, *"O Sábado Duradouro"* [The Abiding
Sabbath], à página 184, em que ele confessa "o completo silêncio do Novo
Testamento no que diz respeito a algum mandamento explícito quanto ao
dia de descanso [o domingo], ou a regras definidas para sua observância".
E todos sabem que o Antigo Testamento nada diz a respeito da observância do primeiro dia da semana como dia de descanso. Todos sabem também que o Antigo Testamento não faz nenhuma menção sobre guardar
o primeiro dia da semana como o dia da ressurreição do Salvador ou por
qualquer outra razão. O Dr. Johnson e outros aqui nesta manhã afirmaram
que o primeiro dia da semana foi escolhido porque era um memorial da
ressurreição do Salvador. É o Novo Testamento que fala sobre a ressurreição do Salvador. Não há qualquer dúvida disso. O Dr. Elliott confessa, e a
Sociedade Americana de Tratados tem publicações a respeito, que existe
"um completo silêncio do Novo Testamento" a respeito do assunto. Então,
que direito têm eles de tornar a guarda do domingo uma lei e obrigar as
pessoas, mediante lei civil, a guardá-lo como o dia do Senhor, para o qual
não existe nenhuma autoridade escriturística? Permitam-me ler uma passagem de outro livro, impresso pela União Americana das Escolas Domi-

nicais. À página 186, sob a seção "O Dia do Senhor", o Sr. A. E. Waffle diz o seguinte:

> "Até o tempo da morte de Cristo, nenhuma mudança havia sido efetuada quanto ao dia. A autoridade precisa ser buscada nas palavras ou no exemplo dos apóstolos inspirados."

Então, logo na página seguinte, ele continua:

> "Até onde os registros mostram, eles [os apóstolos] não deram, no entanto, nenhum mandamento explícito ordenando o abandono do sétimo dia como dia de descanso e sua observância no primeiro dia da semana."

O Dr. Schaff, na Enciclopédia Schaff-Herzog, observa:

> "Não existem regras para sua observância no Novo Testamento, nem mesmo qualquer ordenança para que seja observado" (*Artigo sobre o Domingo*).

Se esses eruditos confessam que Cristo não deu nenhuma lei para a guarda do domingo, por que querem obrigar as pessoas a observá-lo? Que direito têm eles de obrigar alguém a guardá-lo? Não reconheço o direito deles de obrigar a mim ou a quem quer que seja a fazer o que Cristo nunca ordenou pessoa alguma a fazer.

Senador Blair – Você admite que havia um sábado [*Sabbath*], ou dia de descanso, antes de Cristo vir?

Sr. Jones – Certamente.

Senador Blair – E Ele disse que não veio destruir, mas cumprir, certo?

Sr. Jones – Concordo.

Senador Blair – Há algo no Novo Testamento que anulou o dia de descanso que já existia?

Sr. Jones – Não, senhor.

Senador Blair – Então por que ele não continuou a existir?

Sr. Jones – Ele certamente existe, e nós guardamos o mandamento que diz respeito ao sábado.

Senador Blair – Então você diz que existe um sábado legalmente reconhecido, e que ele foi reafirmado por Cristo?

Sr. Jones – Certamente.

Senador Blair – A única coisa que percebo, com base em suas afirmações, é que Cristo reconheceu uma lei vigente, e que ela continua no tempo atual. Você diz que é um dia, e eles dizem que é outro.

Sr. Jones – Mas eles estão lutando por uma lei para obrigar a observância do primeiro dia da semana como o dia do Senhor, quando ao mesmo tempo confessam que o Senhor nunca deu qualquer mandamento sobre esse dia. O mandamento que Deus ordenou diz que o "sétimo dia é o sábado".

Senador Blair – Ele ainda é o dia de repouso cristão?

Sr. Jones – Seguramente, e nós o guardamos. Contudo, não reconhecemos que o governo civil tenha o direito de obrigar qualquer ser humano a guardá-lo ou não.

Senador Blair – O governo civil dos judeus obrigava sua observância?

Sr. Jones – Eles viviam numa teocracia.

Senador Blair – Será que é uma conclusão lógica que, quando a única forma de governo for uma teocracia, e isso englobe tudo que pertença ao governo, qualquer outra forma de governo que não seja necessariamente uma teocracia não possa englobar o mesmo tema que a teocracia? Se o tema de uma forma de governo teocrática, monárquica ou republicana não for o mesmo – controlar o estabelecimento da boa ordem na sociedade – então qual é? Dizemos, e essa é nossa forma de governo, que cabe ao povo legislar, interpretar e executar a lei. Na antiga forma de teocracia, Deus fazia a lei, a interpretava e a executava através de Suas instrumentalidades. Mas nós fazemos a mesma coisa pela vontade do povo, o que sob a forma teocrática de governo era feita de outra maneira. Agora, se o dia de repouso é necessário para o bem geral da sociedade, a forma republicana de governo deve legislar sobre a observância do dia de repouso e obrigar o povo a guardá-lo, assim como a teocracia fazia. Você parece elaborar seus argumentos, pelo que me parece, com base na premissa de que um governo civil que visa o bem do povo, organizado em nosso país sob a forma republicana, não pode fazer nada que a forma de governo teocrático faz quando existe sozinha. Ambas as formas de governo necessariamente lidam com os mesmos assuntos – o controle, o desenvolvimento, o bem-estar e a saúde da sociedade. Não faz nenhuma diferença a forma de governo que se adota.

Sr. Jones – Um governo teocrático é um governo de Deus.

Senador Blair – Os poderes ordenados por Deus também o são.

Sr. Jones – Este governo não é um governo de Deus.

Senador Blair – Você não considera que a existência do governo dos Estados Unidos da América foi estabelecida de acordo com a vontade de Deus?

Sr. Jones – Sim, mas não é um governo de Deus. O governo de Deus é um governo moral. Nosso governo é um governo *civil*.

Senador Blair – Uma teocracia é um governo civil e governa em assuntos civis, bem como no âmbito da espiritualidade, da moralidade e da religião.

Sr. Jones – Sem dúvida, e é Deus quem a governa. E nenhum outro governo além de uma teocracia pode obrigar a observância de coisas que dizem respeito à relação do homem para com Deus, conforme estabelecidas nos quatro primeiros mandamentos.

Senador Blair – Mas essa legislação proposta está fora da parte teocrática.

Sr. Jones – De modo algum. Sabemos que ela propõe, mediante a aplicação de penalidades, "promover" a observância religiosa do dia do Senhor, ao passo que nada, senão o governo de Deus, pode fazer isso. Esse é o ponto que estou ressaltando aqui. Se for permitido aprovar esta legislação, o resultado será o estabelecimento de uma nova teocracia segundo o modelo do papado; e o governo civil nada tem que ver com assuntos religiosos. Este projeto de lei é totalmente religioso, e se esta casa seguir no curso da legislação religiosa, o final certo será uma teocracia – uma teocracia de autoria humana –, e estaremos, assim, reinventando o papado.

Senador Blair – Já faz trezentos anos que temos leis dominicais neste país. Elas têm se tornado cada vez mais tolerantes ou permissivas. Apesar de o sentimento geral em favor do dia de descanso parecer estar ficando mais forte, você tem conhecimento de algum caso em que algum Estado desta União tomou a iniciativa de promulgar uma lei que obrigasse todos a ir à igreja, o que parece ser o perigo que você teme?

Sr. Jones – Ainda não. A preocupação deles no momento é promulgar a primeira lei. Esta os conduzirá à situação mencionada. A lei de Constantino foi promulgada em 321 d.C., e ordenava primeiramente que moradores urbanos e mecânicos não trabalhassem, a fim de que pudessem ser religiosos. Eles não pediram muito a princípio. Como foi dito numa reunião ministerial em São Diego, Califórnia, há cerca de dois meses: "Nesse assunto, não se deve pedir muito a princípio. Peça somente o que a opinião pública irá aceitar, e quando você alcançar esse objetivo poderá pedir mais". E como foi dito sobre esse projeto de lei pelo Dr. Crafts neste Capitólio:

> "Vamos tomar um quarto de pão, meio pão ou um pão inteiro. Se o governo fizesse nada mais do que proibir a abertura do correio nos horários de culto da igreja, isso seria um tributo nacional ao valor da religião e levaria a algo mais satisfatório."

E ao comentar sobre o que seria mais satisfatório, ele afirmou:

> "A lei permite ao agente de correio local, se ele quiser (e alguns deles de fato querem), abrir os malotes na mesma hora do culto da igreja, fazendo com que haja uma competição entre o correio e as igrejas."

Em outro momento do mesmo discurso, o Sr. Crafts se referiu à lei proposta como uma forma de "proteger os cultos da igreja contra a competição dos correios". Ao explicar como isso poderia ser feito, ele disse:

> "Uma lei proibindo a abertura entre as dez e o meio-dia resolveria o problema, e isso seria melhor do que nada; *mas nós queremos mais*."

Ele acrescentou:

> "Uma lei proibindo qualquer manuseio de correspondência no domingo que pudesse interferir na frequência à igreja, por parte dos empregados, seria melhor do que nada; *mas queremos mais do que isso*."

O Sr. Crafts continua:

> "Uma opção local de decidir se um correio local deverá abrir aos domingos ou não deve ser acolhida como melhor do que nada; [...] *mas desejamos mais do que isso*."

Que mais ainda? Ele continua:

> "Uma lei proibindo todos os trabalhos de entrega de correspondência no domingo seria melhor do que nada; *mas queremos mais do que isso*."

E quando eles vão se sentir satisfeitos? Essa situação corresponde exatamente ao que ocorreu quando o imperador Constantino proibiu os juízes, cidadãos da cidade e mecânicos de trabalhar no domingo. Isso representou uma homenagem imperial ao "valor da religião", e conduziu a "algo mais satisfatório" para os líderes da igreja.

Senador Blair – Você já ouviu falar de alguma proposta feita em algum corpo legislativo obrigando alguém a frequentar a igreja aos domingos?

Sr. Jones – As propostas feitas têm exatamente esse objetivo, ou seja, paralisar os trens no domingo, os jornais de domingo; em resumo, suspender qualquer trabalho no domingo, *de maneira que as pessoas possam ir à igreja.*

Senador Blair – Mas essas pessoas vêm aqui e dizem não ter tais propósitos, e elas vêm tomando essas medidas nos Estados há cem anos, e durante o período colonial anterior a esse tempo. Você já ouviu no continente americano, nos limites do território que compõe agora os Estados Unidos da América, uma proposta ou uma sugestão de um corpo legislativo de obrigar alguém a ir à igreja?

Sr. Jones – Não em casas legislativas, mas em instituições eclesiásticas.

Senador Blair – Instituições eclesiásticas não fazem as leis. O Congresso não é uma instituição eclesiástica.

Sr. Jones – Mas é uma instituição eclesiástica que está buscando garantir a imposição desta lei, como ocorreu na teocracia da Nova Inglaterra, onde a "ausência ao 'ministério da palavra' era punida com multa". Nessa época, quando as pessoas eram obrigadas, sob penalidade, a ir à igreja e ouvir a pregação, esta era de tal natureza que, no dizer de uma das vítimas, "era como carne para ser digerida, mas apenas pelo coração ou o estômago de um avestruz".

Situações assim não ficaram restritas aos tempos coloniais ou à Nova Inglaterra. Depois de as colônias se tornarem Estados, a Carolina do Norte promulgou uma lei dominical, ainda em vigor, pelo que me consta. Ela diz o seguinte:

> "Decreta-se [...] que toda e qualquer pessoa ou pessoas deverão, no dia do Senhor, comumente chamado domingo, aplicar-se com cuidado aos deveres da religião e da piedade."

Em 1803, o Tennessee aprovou uma lei incorporando as mesmas palavras. A Carolina do Sul e a Geórgia, porém, foram além. A Carolina do Sul estabeleceu que:

> "Toda e qualquer pessoa deverá, em cada dia do Senhor, aplicar-se à observância desse dia, reservando-o para o exercício dos deveres da piedade e da verdadeira religião, de forma pública e particular; e caso não tenha nenhuma desculpa legítima ou razoável, deverá, a cada dia do Senhor, dirigir-se a sua igreja paroquial ou a alguma outra igreja paroquial, ou a alguma reunião ou assembleia de culto religioso."

Em 1803, a Geórgia, semelhantemente, promulgou uma lei dominical que, em sua primeira seção, exigia que todas as pessoas frequentassem a adoração pública. Em 1821, o Estado de Connecticut, ao revisar suas leis, alterou sua lei dominical, na primeira seção, que assumiu o seguinte teor:

"É dever de todo cidadão deste Estado frequentar a adoração pública a Deus no dia do Senhor."

Essa é precisamente a linha de pensamento proposta por esses homens e mulheres que atualmente trabalham em favor desta lei dominical. Este é o primeiro passo nessa direção. O objetivo final que eles têm em vista ao impedir o trabalho no domingo é idêntico ao do quarto século, a saber, levar as pessoas a se tornarem devotas e a frequentarem a igreja. O cerne da intenção desses homens em assegurar a lei é de fundo religioso.

Vou me referir agora a algumas declarações feitas pelos próprios homens que estiveram aqui nesta manhã em defesa deste projeto de lei dominical. O Dr. W. W. Everts, de Chicago, numa convenção sobre a lei dominical em Illinois, no dia 8 de novembro de 1887, declarou que o domingo devia ser o "teste de toda religião". Com base em suas próprias palavras, o que mais pode ser a imposição do domingo senão a imposição de um teste religioso? O Dr. Crafts, figura proeminente nessa causa, discursou aos Cavaleiros do Trabalho de Indianápolis, como já mencionei anteriormente, e repetiu essas palavras aqui nesta cidade ontem à noite: "se você tirar a *religião* do dia, você elimina o *descanso* dele". Essa declaração foi feita em resposta a uma pergunta que indagava se um dia de repouso não poderia ser garantido aos trabalhadores sem qualquer ligação com a religião. Utilizando a afirmação do Dr. Crafts, portanto, a condição para que o domingo seja um dia de descanso a qualquer pessoa reside completamente no fato de a religião fazer parte dele, pois se você tirar a religião, você elimina o descanso. Ele, juntamente com os outros, reivindicam uma lei que obrigue as pessoas a desfrutar do *descanso*. Considerando que a religião é intrínseca ao descanso, e que o descanso depende completamente do fato de a religião ser parte integrante dele, é inevitável que o esforço desses homens em defender uma lei que obrigue todos a descansar no domingo seja um esforço para estabelecer, mediante a lei, uma observância religiosa.

Além disso, nas palestras do *Boston Monday* de 1887, Joseph Cook disse:

"A experiência de séculos nos mostra que em vão será o esforço de preservar o domingo como dia de descanso, a menos que ele seja preservado *como dia de adoração.*"

E mais: O Dr. Everts disse na Convenção de Elgin:

"A classe trabalhadora tende a levantar-se tarde na manhã de domingo, ler os jornais de domingo e fazer com que a *hora de culto* passe despercebida."

E três semanas atrás, em Chicago, o Dr. Herrick Johnson comentou sobre os temas que abarrotam os jornais de domingo: crimes, escândalos, fofocas, notícias e assuntos políticos; e exclamou:

"Que *miscelânea!* Que prato se coloca diante de um homem antes e depois do desjejum *a fim de prepará-lo para ouvir a Palavra de Deus!* Fica duas vezes mais difícil alcançar os que vão para o santuário, e *tudo isso, de modo geral, afasta muitos da casa de culto.*"

Disse mais o Dr. Everts nessa convenção:

"Os trens de domingo são outro grande mal. Eles não conseguem arcar com os custos de uma viagem a menos que transportem um bom número de passageiros, *de forma que muitas congregações ficam desfalcadas.* Os trens ferroviários de domingo estão viajando rapidamente com seus passageiros rumo à perdição. Que ultraje que essas companhias ferroviárias, apesar de sua missão civilizadora, acabem por destruir o sábado cristão [o domingo]!"

Vou apresentar mais uma declaração que resume toda a questão. Numa reunião pública, com grande número de participantes, sobre a lei dominical, realizada no Hamilton Hall, Oakland, Califórnia, em janeiro de 1887, o reverendo Dr. Briggs, de Napa, Califórnia, disse aos líderes do governo estadual:

"Vocês delegaram a instrução moral à igreja, e então deixam todos fazerem o que bem entendem aos domingos, de maneira que não conseguimos alcançá-los."

Portanto, eles querem que o Estado *encurrale* todas as pessoas no domingo, a fim de que os pregadores possam ter acesso a elas.

Essas declarações poderiam ser multiplicadas indefinidamente, mas são suficientes. Os discursos, sermões e o trabalho daqueles que são a favor das leis dominicais seguem todos a mesma linha de raciocínio. Todos mostram claramente que o objetivo velado e real de todo movimento em prol da lei dominical é o de levar as pessoas à igreja. O trem de domingo deve ser impedido de circular, porque os membros da igreja o usam, e não vão à igreja em número suficiente. O jornal de domingo deve ser suspenso, porque as pessoas o leem em vez de irem à igreja, e também porque aqueles que o leem, e vão à igreja, não estão tão bem preparados para ouvir a pregação.

Foi exatamente isso o que aconteceu no quarto século com relação aos circos e teatros aos domingos. As pessoas, mesmo os membros de igreja, costumavam ir a esses lugares em vez de ir à igreja. Mesmo que fossem aos dois, temos que admitir que o circo e o teatro romanos não eram o prato mais excelente – "que *miscelânea!*" – a ser posto diante de um homem a fim de prepará-lo para ouvir a Palavra de Deus! O circo e o teatro não podiam dar-se ao luxo de manter abertos aos domingos, a menos que reunissem um grande número de espectadores, o que causava um desfalque em muitas congregações. E como esses centros de diversão impeliam vertiginosamente os espectadores rumo à perdição, eles tinham de ser fechados aos domingos a fim de evitar que "muitas congregações" fossem levadas à perdição. É extremamente difícil imaginar que um circo com espetáculos aos domingos no século IV pudesse impelir vertiginosamente à perdição alguém que não o frequentasse, ou que um trem de domingo no século XIX possa levar à perdição alguém que não embarque nele. Em outras palavras, se alguém está sendo levado à perdição por esses meios, quem é o culpado: o trem de domingo ou aqueles que andam nele? E a queixa do Dr. Johnson sobre os jornais de domingo possui a mesma inconsistência. Se o jornal de domingo chega até a casa de alguém, de quem é a culpa? Do jornal ou de quem o pega para ler? Aqui reside o segredo de todo o mal que presenciamos agora, e que era uma realidade também no quarto século: eles culpam tudo e todos, até as coisas inanimadas, pela irreligiosidade, infidelidade e o pecado que se encontram no próprio coração humano.

Quando eles conseguirem impedir todos os trabalhos dominicais, os jornais, todos os trens de domingo, para que as pessoas possam ir à igreja ou frequentar atividades religiosas, suponhamos que, mesmo assim, as pessoas deixem de ir à igreja ou de exercer atividades espirituais. Nesse caso, será que os líderes religiosos e políticos irão parar por aí? Tendo feito tudo para as pessoas se tornarem devotas, irão eles tolerar que suas boas intenções sejam frustradas ou que a posição elevada que ocupam seja desprezada? Será que não irão então dar o próximo passo lógico – o passo que foi dado no quarto século –, e *obrigar* as pessoas a frequentarem as atividades religiosas? Após terem tomado todos os passos, menos este último, será que deixarão de tomá-lo? Após terem obrigado os homens a descansar, será que irão deter-se em seus esforços de prover as sanções religiosas que são a única medida para impedir que um dia de descanso forçado se torne um dia de ociosidade compulsória e, consequentemente, de maldade? A probabilidade de que não vão parar é reforçada pelo fato de que a teoria atual é idêntica àquela do quarto século – a teoria teocrática.

Já citei o propósito teocrático da União de Temperança Cristã da Mulher. A Associação Nacional de Reforma, cujo secretário fez parte desta mesa hoje a fim de pleitear a aprovação deste projeto de lei, tem como objetivo explícito o estabelecimento de uma teocracia neste governo. Em suas próprias palavras, eles têm a intenção de tornar esta república "uma teocracia tão verdadeira e real como foi a comunidade de Israel".

A Associação da Lei Dominical praticamente adota também a mesma teoria. Na convenção da Lei Dominical de Elgin, o Dr. Mandeville, de Chicago, disse:

> "Os comerciantes de Tiro insistiam em vender mercadorias perto do templo no sábado, e Neemias ordenou que os oficiais da lei cumprissem seu dever para interromper aquele comércio. Da mesma forma podemos obrigar os oficiais da lei a cumprir seu dever."

Neemias estava governando sob um regime verdadeiramente teocrático, um governo divino. A Lei de Deus era o código da nação, e a vontade de Deus se fazia conhecida através da palavra escrita e dos profetas. Portanto, se o argumento do Dr. Mandeville tiver, de fato, alguma força, é tão somente em face da reivindicação do estabelecimento de uma teocracia. O ponto de vista do Dr. Crafts está em perfeito acordo com essa ideia, e ele é o secretário-geral de campo da União Nacional da Lei Dominical. Ele afirma, como expresso em suas próprias palavras, que:

> "Os pregadores são os sucessores dos profetas" (*Christian Statesman*, 5 de julho de 1888).

Juntemos agora as coisas. O governo de Israel era uma teocracia; a vontade de Deus era transmitida aos governantes por meio dos profetas; o governante obrigava os oficiais da lei a impedir que os infiéis vendessem suas mercadorias no sábado. Nessa linha de raciocínio, nossa nação deveria se tornar, então, uma teocracia, pois os pregadores são os sucessores dos profetas, e cabe a eles compelir os oficiais da lei a impedir todo tipo de venda de mercadorias e todo tipo de trabalho no domingo. Isso mostra conclusivamente que esses pregadores pretendem tomar a supremacia em suas mãos, declarar oficialmente a vontade de Deus e obrigar a todos a prestar obediência a ela. Tal dedução é confirmada pelas palavras do Prof. Blanchard na convenção de Elgin:

> "Neste trabalho que estamos empreendendo em prol do sábado cristão [o domingo], somos os representantes de Deus."

E o principal desses representantes de Deus será simplesmente um novo papa, porque, quando os pregadores controlam o poder civil como representantes de Deus, um papa é inevitável.

Essas citações provam, a título de demonstração, que toda a teoria em que esse movimento político-religioso se baseia é idêntica àquela do quarto século, a qual estabeleceu o papado. Elas mostram também que os meios utilizados – as leis dominicais – para obter o controle do poder civil, e assim tornar efetiva essa maléfica teoria, são idênticos aos que foram empregados no quarto século visando ao mesmo fim. A próxima questão é: Será que eles tornarão efetiva essa teoria como ocorreu no quarto século e daí em diante? Em outras palavras, quando eles tiverem o poder de oprimir, irão usá-lo? Uma resposta suficiente para essa indagação nos pareceria provir desta simples pergunta: Se eles não pretendem usar o poder, então por que estão fazendo tamanho esforço para consegui-lo? Se o Congresso permitir que tenham o poder, certamente irão usá-lo. A natureza humana hoje é a mesma do século IV. A política hoje é a mesma que a do passado. Os fanáticos religiosos também transcendem os séculos. O fanatismo nada conhece sobre progresso e iluminismo: sempre será o mesmo. E quando assumirem o controle do poder civil, os resultados cruéis serão também sempre os mesmos.

Quão conveniente é, portanto, que o Cardeal Gibbons apoie o projeto de lei dominical nacional! É muito natural, de fato, que ele alegremente acrescente seu nome ao número de peticionários em apoio a este movimento que procura garantir uma legislação em prol dos interesses da igreja! Ele sabe exatamente como seus irmãos no quarto século trabalharam com o mesmo tipo de estratégia. Sabe qual foi o resultado do movimento então, e está plenamente consciente de qual será o resultado desse movimento agora. Sabe que a teoria subjacente a esse movimento é idêntica àquela do passado. Sabe que os métodos de trabalho de hoje são os mesmos que foram utilizados então. Sabe que os meios empregados agora para assegurar o controle do poder civil são idênticos aos empregados no passado. Sabe que o resultado deverá ser idêntico. Sabe que quando a religião for estabelecida como um elemento essencial da legislação neste governo, a experiência de 15 significativos séculos e "a habilidade e a diligência paciente" de 50 gerações de estadistas não serão perdidas no esforço de, aqui e agora, tornar supremo sobre tudo o poder papal, como foi feito lá e então. E ao levarem a efeito as instruções do Papa Leão XIII, de que "todos os católicos devem fazer tudo ao seu alcance para que as constituições dos Estados e suas legislações sejam modeladas de acordo com os princípios da igreja verdadeira", o Cardeal certamente *está* feliz com a oportunidade de adicionar seu nome àqueles mais de seis milhões de protestantes que estão determinados a cumprir a mesma tarefa.

Para os protestantes que estão tão ansiosos para fazer da religião um assunto de legislação, o empreendimento parece agora muito desejável, e parece também muito atrativo garantir a aliança do papado. Mas quando essa façanha tiver sido cumprida, e eles se verem em meio ao turbilhão contínuo de luta política e disputa com o papado, não só pela supremacia, mas pela própria *existência*, então não o verão como tão desejável quanto lhes parece agora, cegados como estão pelo ardente desejo por poder ilegítimo.

E quando se virem obrigados a pagar mais do que tinham negociado, a culpa será totalmente deles, pois, ao fazerem da religião assunto de legislação, com isso confessam que estão legitimamente se sujeitando à regra da maioria. Então, se a Igreja Romana assegurar a maioria e obrigar os protestantes a seguir as formas e ordenanças católicas, os protestantes não terão o direito de se queixar. Conhecedores como somos do resultado do mesmo tipo de movimento do passado, nossa proposta é de não permitir que esse esquema seja aqui desenvolvido sem um protesto enfático.

Senador Blair – Você está sendo inteiramente lógico, pois afirma que não deveria haver nenhuma legislação dominical feita pelo Estado, nem pela nação.

Sr. Jones – Sim, senhor, é evidente que estou sendo lógico desde o início da minha argumentação. Quero mostrar ao senhor o princípio maléfico sobre o qual todo esse sistema está fundado, e a razão pela qual faço isso é porque o último passo é uma decorrência do primeiro. Se o senhor permitir que este princípio e este movimento tomem o primeiro passo, os que se encontram no poder irão ver no final que podem dar o último passo. Aqui reside o perigo. Veja como no século IV a lógica desses passos só conduziu à Inquisição.

Senador Blair – A Inquisição foi abolida pela revogação das leis dominicais?

Sr. Jones – Não, mas o princípio da Inquisição foi estabelecido por leis dominicais.

Senador Blair – Se a Inquisição foi estabelecida com base nas leis dominicais, então não foi somente pela extinção do dia de descanso que ela foi abolida? Como você pode remover a consequência sem remover a causa?

Sr. Jones – As leis dominicais nunca foram abolidas.

Senador Blair – Então a lei dominical não poderia ter sido a causa da Inquisição.

Sr. Jones – O poder que encarna a Inquisição ainda continua, e seus emissários a têm defendido neste país. Esse mesmo poder está agora ansiando pelo controle da lei civil, e as mesmas causas geralmente produzem os mesmos efeitos.

Senador Blair – E a remoção das causas remove, juntamente com elas, os efeitos.

Sr. Jones – Às vezes.

Senador Blair – Consequentemente, as leis dominicais não foram a causa da Inquisição, a menos que ela ainda exista.

Sr. Jones – Não, as leis dominicais não *causaram* a Inquisição.

Senador Blair – Segundo o que você afirmou, eu entendi que sim.

Sr. Jones – Eu disse que por meio delas a igreja recebeu o poder de tornar eficazes o princípio e a obra da Inquisição. Um determinado exercício de poder pode ser proibido; todavia, os meios pelos quais esse poder foi obtido podem não ser proibidos. Em outras palavras, o poder adquirido por meio do engano das leis dominicais pode ser proibido em certas coisas, mas permitido em muitas outras.

Senador Blair – Deus criou o sábado e governou a nação judaica por quase três mil anos com o sábado. Você acha que o sábado foi para o bem do povo judeu ou para o seu prejuízo?

Sr. Jones – Ele foi estabelecido para o bem da raça humana.

Senador Blair – Incluindo o povo judeu?

Sr. Jones – Sim, senhor.

Senador Blair – Ele foi estabelecido como parte da administração civil.

Sr. Jones – Mas a igreja e o estado eram um.

Senador Blair – Então o que chamamos de administração civil estava incluída naquela teocracia.

Sr. Jones – A igreja e o estado eram um. Eles estavam unidos, e tratava-se de uma teocracia.

Senador Blair – Se a aplicação do dia de descanso durante esses três mil anos, pelo menos, foi para o bem dos judeus e da raça humana, será que o dia de descanso não seria para o bem dos judeus e da raça humana desde os tempos de Cristo, como era antes?

Sr. Jones – Ele é para o bem da raça humana.

Senador Blair – Se formos tê-lo, será mediante lei civil. Você não concorda que não teremos nenhum dia de descanso na atualidade sob nossa divisão de poderes de governo, a menos que o tenhamos reconhecido e imposto pela autoridade do Estado?

Sr. Jones – Certamente nós temos um dia de descanso.

Senador Blair – Seria sua proposta eliminar o dia de descanso da constituição e do modo de vida da sociedade nesses tempos modernos?

Sr. Jones – Não, senhor.

Senador Blair – Certamente que sim, no que respeite à existência, promulgação e aplicação do dia de descanso mediante a lei.

Sr. Jones – Sim, por lei civil.

Senador Blair – Mas ele foi obrigatório no que chamamos de conduta civil de pessoas que viveram sob uma forma de governo teocrático por pelo menos três mil anos.

Sr. Jones – Certamente.

Senador Blair – Hoje a observância do dia de descanso depende da obediência compulsória à lei.

Sr. Jones – De modo algum.

Senador Blair – Precisou haver uma Lei de Deus, a qual Ele impunha sob pena de morte, apedrejando os homens até a morte quando a violavam, e nós temos o dia de descanso somente com base no que chamamos de lei civil, que é igualmente uma parte da lei de Deus.

Sr. Jones – Aquele governo não foi organizado especialmente para impor o sábado.

Senador Blair – Mas eles apedrejavam as pessoas até a morte por violarem aquela lei.

Sr. Jones – Sem dúvida, e faziam o mesmo com a transgressão de outros mandamentos.

Senador Blair – Em outras palavras, Deus tornava o sábado obrigatório por meios humanos.

Sr. Jones – Certamente. Minha resposta a tudo isso é que aquela era uma teocracia, uma união entre igreja e estado. A igreja era o Estado e o Estado era a igreja.

Senador Blair – Você está dizendo então que não existe algum Estado para impô-lo?

Sr. Jones – Estou dizendo que nenhum governo pode impor o dia de descanso bíblico, quer o entenda como o primeiro ou o sétimo dia da semana, nem outras coisas que pertencem a Deus, exceto um governo teocrático, em que a igreja está unida com o estado. Portanto, digo que, se você estabelecer uma lei como a que está sendo proposta, isso conduzirá diretamente à união da igreja com o Estado. A lógica da discussão exige isso, e tal união será o fim desse processo, visto que a lei não pode ser imposta de outra forma. Esses cavalheiros dizem que não querem uma união entre igreja e estado. O que pretendem dizer ao falarem de união entre igreja e estado é quando o Estado seleciona uma denominação em particular e a coloca como favorita acima de todas as outras. Isso é o que eles entendem por união entre igreja e estado. Contudo, uma união entre igreja e estado foi formada por Constantino ao ele reconhecer o cristianismo como a religião do império romano. Todos sabem que houve uma união entre igreja e estado, que culminou no estabelecimento do papado. Uma união entre igreja e estado consiste no fato de o poder eclesiástico controlar o poder civil, e de usá-lo segundo seus próprios interesses. Esse será o fim deste movimento, e essa é a razão por que nos opomos a ele.

Senador Blair – Você afirma então que a igreja e o estado separados não farão as coisas corretas que a igreja e o estado sempre fizeram quando eram unidos na teocracia?

Sr. Jones – Não, senhor.

Senador Blair – Então por que você diz que o Estado...

Sr. Jones – Minha intenção não foi negar sua declaração. Penso que, da maneira como o senhor formulou a frase, minha resposta é "sim", porque certamente creio que a igreja e o estado separados farão as coisas adequadas que foram feitas quando estavam unidos na teocracia.

Senador Blair – Se nessa distribuição de poderes governamentais entre a igreja e o estado você exclui dos poderes reservados à igreja o de estabelecer, impor e regulamentar prescrições para o dia de descanso bíblico, por que você não transfere necessariamente o dia de descanso, já que ele é algo bom, para o controle do Estado?

Sr. Jones – Porque se a igreja não o reconhecer e nem o preservar, o Estado não poderá obrigar as pessoas a fazê-lo. O Estado que tenta fazer isso está fadado ao fracasso.

Senador Blair – Então você necessariamente assume a posição de que Deus errou ao impor o sábado durante aqueles três mil anos, quando Seu governo era tanto igreja como estado.

Sr. Jones – Não, senhor. Se Deus passasse a governar e declarasse a Si mesmo governador, como o fez no tempo do povo de Israel, Ele poderia impor a lei como fez naquela época. Mas antes que Deus faça isso, negamos o direito de todas as igrejas ou de quem quer que seja de fazer isso.

Senador Blair – Mesmo que seja para o bem da sociedade?

Sr. Jones – O que eles dizem que é para o bem da sociedade na verdade é para a ruína da sociedade.

Senador Blair – Você entende que é a igreja ou o Estado que está propondo esta lei?

Sr. Jones – É o Estado que a está propondo, exatamente como Constantino fez, *para satisfazer às igrejas.*

Senador Blair – Ela pode ou não satisfazer às igrejas. Elas dão suas razões aqui, que podem estar certas ou erradas quanto ao estabelecimento do dia de descanso, visando à legislação do domingo em todos os Estados.

O Estado e o povo como um todo é que fazem a lei. Você diz que o povo como um todo não fará uma lei boa, só porque as igrejas pedem por ela.

Sr. Jones – O que digo é que o povo como um todo não deve fazer uma lei ruim, mesmo que as igrejas a exija com veemência, pois qualquer lei civil referente às coisas de Deus é uma lei ruim.

Senador Blair – Então o que Deus fez por três mil anos para o bem dos judeus e da raça humana foi errado?

Sr. Jones – Não senhor, aquilo foi certo.

Senador Blair – Então por que não continuar com o mesmo procedimento?

Sr. Jones – Porque Ele não continuou com esse tipo de governo.

Senador Blair – Nós não fizemos nada no sentido de separar os poderes do governo entre os que pertencem à igreja e os que pertencem ao Estado. O que afirmamos é que esses departamentos não devem interferir um com o outro.

Sr. Jones – Certamente.

Senador Blair – Aqui e em outros Estados estamos tentando executar os papéis civis. Temos assumido a jurisdição de uma parte daquilo sobre o qual Deus tem total jurisdição, como é o caso de Seu controle sobre a igreja e o Estado no que diz respeito às relações civis entre os homens. Toda a sociedade faz isso. Colocamos a soberania nas mãos de todos, com exceção das mulheres, apesar de alguns dentre nós estarem lutando para lhes conceder esse direito. Temos o mesmo objetivo em comum, o bem da sociedade sob nosso controle, que, sob a teocracia, era exercido de forma unida tanto pela igreja quanto pelo Estado. Se você não permitir que o Estado continue a fazer o que era essencial para a sociedade naquela época, e também hoje, você está dando um golpe sobre um dos grandes objetivos para os quais o governo existe.

Sr. Jones – De forma alguma, pois Deus não continuou com esse tipo de governo.

Senador Blair – Ele não suspendeu a necessidade de leis para regulamentar a sociedade.

Sr. Jones – Mas ele o fez no contexto de ação unida entre igreja e estado.

Senador Blair – Não concordo. É igualmente necessário que haja hoje um sábado, ou dia de descanso, para o bem do homem, como o era quando Deus criou e impôs a lei sabática sob Sua direta supervisão no regime teocrático.

Sr. Jones – Mas nenhum governo exceto uma teocracia pode impor essas leis.

Senador Blair – Então, a menos que tenhamos uma teocracia, não teremos um dia de descanso.

Sr. Jones – O que não teremos são leis que regulem o dia de descanso, seja ele o sábado ou o domingo.

Senador Blair – O sábado não chegou até o povo judeu e toda a humanidade devido à existência de uma forma teocrática de governo entre os judeus. Como o sábado alcançou a humanidade como um todo quando não havia nenhuma forma de governo teocrático?

Sr. Jones – As nações gentílicas nunca o guardaram. Ninguém, exceto os judeus, chegou a guardá-lo.

Senador Blair – Elas poderiam tê-lo guardado, já que você afirma que o sábado existia para todos, não apenas para os judeus, mas para toda a raça humana.

Sr. Jones – Por certo, mas se essas nações não o guardassem, ele não lhes seria de nenhum bem.

Senador Blair – Então ele não existia para o bem?

Sr. Jones – Claro. Uma coisa pode existir para o meu bem, mas posso rejeitar fazer uso dela, assim como milhares o fazem em relação à salvação oferecida por Cristo.

Senador Blair – Eu estava aceitando como verdadeira a sua declaração de que o descanso sabático era realmente para o bem de todos e não somente dos judeus.

Sr. Jones – Sim, eu disse que ele era para o bem do homem. O Salvador afirmou que o sábado era para o bem do homem. O Salvador morreu para o bem do homem.

Senador Blair – Seja como for, você aboliria o dia de descanso?

Sr. Jones – Na lei civil, sim.

Senador Blair – Você aboliria qualquer tipo de sábado da prática humana que possa existir em forma de lei, a menos que o indivíduo aqui e ali achasse apropriado observá-lo?

Sr. Jones – Sem dúvida, pois essa é uma questão a ser decidida entre o homem e seu Deus.

Senador Blair – Seu tempo expirou. Por favor, tome cinco minutos para encerrar, já que lhe fiz algumas perguntas. De qualquer forma, foram perguntas referentes ao problema, e que me inquietavam pessoalmente.

Sr. Jones – Tudo bem, mas eu supunha que teria uma hora ininterrupta para tratar dos pontos em questão.

Senador Blair – Estamos acostumados a conduzir essas audiências dando atenção às objeções que temos sobre o assunto. Portanto, creio que não haverá motivo de queixa da sua parte se lhe concedermos uma hora e 10 minutos. Então você tem 10 minutos a mais.

Sr. Jones – Muito bem. Senhor presidente desta comissão, mostrei que no quarto século um movimento idêntico se desenvolveu numa teocracia, e, com ela, surgiu o papado, o despotismo religioso e a opressão por motivos de consciência. Agora quero apresentar a causa oculta de pelo menos uma parte do movimento atual. O representante da Associação da Reforma Nacional discursou aqui em favor da legislação proposta. Essa associação está reivindicando essa lei bem como uma emenda à Constituição, como o senhor propôs, no que diz respeito à religião cristã nas escolas públicas. Essa medida lhes agrada muito, assim como a proposta de uma lei dominical.

Senador Blair – Por favor, inclua essa proposta de emenda à Constituição em suas observações.

Sr. Jones – Muito bem. Ela é feita nestes termos:

"50º Congresso, S. R. 86. 1ª Sessão.

"Resolução conjunta propondo uma emenda à Constituição dos Estados Unidos da América com respeito ao estabelecimento de religião e às escolas públicas gratuitas."

"Resolvido pelo Senado e Câmara dos Deputados dos Estados Unidos da América, reunidos em seção do Congresso (com a aprovação de dois terços de cada casa), que a seguinte emenda à Constituição dos Estados Unidos seja, por este instrumento, proposta aos Estados, para tornar-se válida quando ratificada pelo legislativo de três quartos dos Estados, conforme estipulado na Constituição:

"ARTIGO"

"SEÇÃO 1. Nenhum Estado jamais fará ou manterá qualquer lei referente ao estabelecimento de uma religião, ou proibindo o seu livre exercício.

"SEÇÃO 2. Cada Estado nesta União estabelecerá e manterá um sistema de escola pública adequado à educação de todas as crianças que ali vivem, com idade entre seis e dezesseis anos, abrangendo os ramos comuns do conhecimento, a virtude, a moralidade e os princípios da religião cristã. Nenhum dinheiro, porém, arrecadado pela tributação de lei, ou qualquer dinheiro, bens ou créditos pertencentes a qualquer organização municipal, estadual ou federal deverá ser destinado, aplicado ou alocado para o uso ou propósitos de qualquer escola, instituição, empresa ou pessoa, cuja finalidade seja a instrução ou a formação com base nas doutrinas, princípios, crenças, cerimônias ou observâncias peculiares de qualquer seita, denominação, organização ou sociedade que sejam ou afirmem ser de natureza religiosa; tampouco deverão tais doutrinas peculiares, dogmas, crenças, cerimônias ou observâncias ser ensinados ou inculcados nas escolas públicas gratuitas.

"SEÇÃO 3. A fim de que cada Estado e os Estados Unidos da América e todos os seus habitantes possam ter e preservar o caráter republicano de seus governos em forma e substância, os Estados Unidos garantirão, a cada Estado e ao Povo de cada Estado e dos Estados Unidos, o suporte e a manutenção de tal sistema de escolas públicas gratuitas, como aqui estipulado.

"SEÇÃO 4. O Congresso fará cumprir este artigo mediante legislação quando necessário.

O que, então, esses homens se propõem a fazer com o poder civil quando puderem usá-lo? O *Estadista Cristão* é o órgão dessa Associação, e em sua edição de 2 de outubro de 1884, disse:

"Façam com que todos os homens entendam que esta é uma nação cristã, e que, acreditando que sem o cristianismo pereceremos, devemos manter de todas as formas nosso caráter cristão. Inscrevam essa marca em nossa constituição. Imponham sobre todos os que convivem em nosso meio as leis da moralidade cristã."

Impor a todos as leis da moralidade cristã não é nada mais do que uma tentativa de obrigá-los a se tornar cristãos, e isso na verdade os compele a ser hipócritas. Será visto de imediato que essa disposição significará nada menos do que a invasão dos direitos de consciência; e isso, declarou um dos vice-presidentes da Associação, é algo que o poder civil tem o direito de fazer. O Rev. Dr. David Gregg, agora pastor da Igreja de Park Street em Boston, e um dos vice-presidentes da Associação da Reforma Nacional, declarou abertamente no *Estadista Cristão* de 5 de junho de 1884, que o poder civil "tem o direito de dirigir a consciência dos homens".

O Rev. M. A. Gault, um secretário regional e principal funcionário da Associação, diz:

> "Nossa solução para todas essas influências maléficas é simplesmente fazer com que o governo estabeleça a lei moral e reconheça a autoridade de Deus por trás dela, e lidar com rigidez com qualquer religião que não se conforme com ela."

Quando eles fizerem com que o governo prenda os dissidentes, que mais buscarão fazer por meio dele? O Rev. E. B. Graham, também vice-presidente da Associação, num discurso proferido em York, Nebraska, e publicado no *Estadista Cristão* de 21 de maio de 1885, afirmou:

> "Poderíamos acrescentar, com toda justiça, se os oponentes da Bíblia não gostarem de nosso governo e de suas características cristãs, que eles se dirijam a alguma terra desabitada e inóspita e, em nome do diabo e para cumprir os interesses do diabo, a conquistem e estabeleçam ali um governo próprio baseado em suas ideias infiéis e ateístas; e então, se conseguirem sobreviver a tudo isso, que fiquem ali até morrer."

Isso é o que eles se propõem a fazer. Uma situação pior do que a da Rússia. No *Century* de abril de 1888, o Sr. Kennan apresentou seu ponto de vista sobre os estatutos da Rússia sobre crimes contra a fé, e citou estatuto após estatuto estipulando que qualquer um que censurar a fé cristã, a igreja ortodoxa, as Escrituras, os santos sacramentos, os santos e suas imagens, a Virgem Maria, os anjos, Cristo ou Deus serão privados de todos os seus direitos civis e exilados pelo resto da vida para as mais remotas regiões da Sibéria. Esse é o sistema russo e vai ao encontro dos desejos da Associação de Reforma Nacional.

Mas isso não é tudo. O Rev. Dr. Jonathan Edwards, outro vice-presidente dessa Associação, considera todos os dissidentes como ateus. Ele cita por nome ateus, deístas, judeus e batistas do sétimo dia, e então classifica a todos como ateus. Lerei aqui suas próprias palavras:

> "Todos esses correspondem, neste momento, no que diz respeito a nossa emenda, a uma mesma classe. Eles usam os mesmos argumentos e as mesmas táticas contra nós. Eles representam um mesmo

grupo, o que lamentamos muito, mas não temos outra escolha. O primeiro grupo citado é o líder em descontentamento e protestos – os ateus –, para quem nada é maior ou mais sagrado do que o homem e nada sobrevive ao túmulo. Isso define o que eles julgam ter de melhor. Os esforços dessa classe visam quase que exclusivamente ao interesse próprio do ser humano. Para eles, o sucesso do ateísmo seria quase que totalmente o triunfo do homem. Os demais são os agregados deles nesta batalha. Eles devem ser classificados a partir dele [o ateísmo]. Eles devem ser tratados a esse respeito como um partido.

Eles nos classificam como ateus e hão de condenar a todos igualmente. E estão solicitando dos senhores que lhes deem o poder. Lembrem-se de que esses são os pontos de vista dos membros da Associação de Reforma Nacional, cujo secretário esteve nesta mesa nesta manhã em defesa desta lei dominical. Esses trechos revelam quais são suas ideias e como hão de aplicá-las. O Dr. Everts, de Chicago, que também esteve aqui presente, declarou no mês passado, em Chicago, em minha audiência sobre a questão desta lei dominical, que nos restam duas escolhas: "ou o ateísmo ou o dia de descanso".

O Sr. Edwards continua:

"Quais são os direitos do ateu? Eu o toleraria da mesma forma que um pobre lunático, pois, a meu ver, sua mente é minimamente sã. Desde que ele não delire, desde que não seja perigoso, eu o toleraria. Eu o toleraria como toleraria um conspirador. O ateu é uma pessoa perigosa. Sim, esse é o grau de tolerância que teria para com o ateu; nada além disso. Por que deveria? O ateu não me tolera. Ele não sorri, quer em piedade ou escárnio, quanto à minha fé. Ele odeia minha fé e me odeia por causa da minha fé. [...] Posso tolerar diferenças e discussões; posso tolerar heresia e uma falsa religião; posso debater sobre o uso da Bíblia em nossas escolas públicas, sobre a tributação das propriedades da igreja, sobre a conveniência dos serviços de capelanias e assuntos afins, mas há algumas questões que extrapolam a qualquer debate. *Tolerar o ateísmo, senhor? Esta é a última coisa procedente do inferno que eu toleraria!* O ateu pode viver, como já disse; mas, com a ajuda de Deus, a mancha de sua crença destrutiva não deve contaminar qualquer das instituições civis de toda esta formosa terra! Vamos repetir: o ateísmo e o cristianismo são termos opostos. São sistemas incompatíveis. *Eles não podem conviver no mesmo continente!*"

Senador Blair – Muitos ateus são favoráveis a leis dominicais.

Sr. Jones – Deixe-os apoiar se eles assim quiserem, mas a tecla que estou batendo aqui é que esses homens não têm o direito de dizer que sou um ateu simplesmente porque não acredito na guarda do domingo.

Senador Blair – Você veio até aqui e argumenta seriamente contra essas pessoas, porque elas e os ateus se insultam uns aos outros. O que temos que ver com isso? Eles se ofendem mutuamente. Tal atitude é pior no cristão do que no ateu, já que o cristão tem algumas regras que orientam sua conduta, que faltam aos ateus. Aqui parece haver uma linguagem forte e descomedida que pessoas usam umas contra as outras. Atitudes assim são condenáveis tanto num ateu quanto num cristão. Não vejo como podemos interferir nessas questões; mas se você pretende argumentar contra este projeto de lei porque essas pessoas tratam com desdém os ateus, respondo-lhe dizendo que muitos ateus estão a favor deste projeto tanto quanto aqueles que os ofendem. Eles se unem em apoio a ele. Por conseguinte, acusações recíprocas equivalem a nada.

Sr. Jones – Mas essas mútuas recriminações têm implicações, sim, e, embora, no momento, se limitem basicamente a troca de ofensas entre si, –

Senador Blair – Não creio que você deveria fazer sua defesa diante de nós gastando seu precioso tempo e o nosso para nos mostrar que essas pessoas usam palavras agressivas umas com as outras.

Sr. Jones – Mas estou fazendo isso para mostrar que, se estão usando essa linguagem arrebatada agora, quando conseguirem a aprovação da lei, irão fazer uso de medidas que vão além de uma linguagem contra eles. Esses homens só querem fazer do Estado um partidário em suas disputas religiosas. Eles querem que a nação, através da lei, se comprometa com a defesa da observância de práticas religiosas, de maneira que agreguem o poder do governo para o lado deles nessa controvérsia, e mandem para o "inferno", ou a qualquer outro lugar onde o diabo esteja, aqueles que por acaso discordarem deles. Mas não faz parte das prerrogativas do Estado permitir-se tornar partidário em qualquer controvérsia religiosa. Essa tem sido a ruína de todas as nações, exceto a nossa. Que Deus não permita que esta nação seja deposta de sua elevada posição e se torne o instrumento das paixões desordenadas de partidos religiosos. O Estado estará cumprindo seu legítimo dever ao acompanhar de perto para que esses partidos não se interfiram agressivamente uns com os outros, e que a agitação e zelo religioso deles sejam conservados dentro dos limites da civilidade.

Não é seguro colocar o poder civil nas mãos de homens como esses. Mas é exatamente isso o que este projeto de lei dominical fará se for aprovado.

Senador Blair – Os ateus estão a favor desta proposta de lei. Eles não irão racionalmente apoiar uma lei que dê poderes a essas pessoas de queimá-los numa fogueira.

Sr. Jones – Tenho certeza de que não farão isso em sã consciência.

Senador Blair – Os ateus podem ser tão inteligentes quanto os que não o são. O Sr. Hume foi um homem muito inteligente, assim como Voltaire e Franklin, se este foi realmente um ateu; para todos os efeitos, ele era deísta.

Sr. Jones – É seguro dizer que nem dez por cento das pessoas que assinaram seus nomes em prol desta lei dominical têm consciência de qual é o propósito desta lei, ou do que seus defensores farão dela quando conseguirem aprová-la.

Senador Blair – Então se trata de falta de discernimento dessas pessoas.

Sr. Jones – Conheço pessoas que assinaram essa petição, mas que agora ficariam tão longe de assiná-la quanto eu.

Senador Blair – Isso é porque o senhor lhes falou das terríveis consequências que eles não haviam imaginado que poderiam ocorrer. A população como um todo não acredita que os cristãos deste país se uniram em todos os Estados da União para tal finalidade.

Sr. Jones – Aqui está o princípio: Aqui há seis milhões de protestantes e sete milhões e duzentos mil católicos—

Senador Blair – O Cardeal Gibbons escreveu uma carta que está em evidência. Ele é a favor desta lei e um grande número de católicos também; mas isso não quer dizer que esses católicos sejam favoráveis a ela simplesmente porque o Cardeal Gibbons escreveu a carta. Eles a apoiavam antes de o Cardeal Gibbons tê-la escrito. Você deve lembrar-se de que os católicos neste país são pessoas tão inteligentes quanto nós. Alguns deles são ignorantes, assim como alguns de nós também.

Sr. Jones – Mas aqui está o ponto. Essas pessoas [protestantes] estão se queixando do domingo da Europa continental [continental Sunday].[6]

---

6 O termo "domingo da Europa continental", ou literalmente "domingo continental", refere-se ao descanso dominical conforme observado na Europa continental – a Europa com exclusão espe-

Senador Blair – Mas elas não se queixam dele por ele ser católico. Queixam-se dele porque ele não é tão benéfico para o povo quanto nossa forma de domingo.

Sr. Jones – Sem dúvida. E nesse movimento, o domingo americano, dizem, provém dos puritanos, e essas pessoas sabem –

Senador Blair – Você está argumentando contra o descanso dominical porque ele vem dos puritanos ou porque vem dos católicos? Você diz que ele procede de ambos, e nós dizemos que ele é para o bem da sociedade e que Deus é a favor dele, porque é para o bem do homem.

Sr. Jones – Permita-me deixar claro o argumento que estou usando. Creio que todos sabem que é perfeitamente consistente com a guarda católica do domingo o fato de eles irem à igreja pela manhã e à tarde a algum lugar de diversão se assim desejarem. Esses homens estão aqui nesta assembleia e deploram o domingo da Europa continental e são contra sua introdução em nosso país. Todos sabem que o domingo da Europa continental é o domingo católico romano. Todavia, esses homens, embora denunciem o domingo da Europa continental, se unem aos católicos romanos para defender esta lei dominical. Foi registrada aqui uma quantidade de seis milhões de protestantes e sete milhões e duzentos mil católicos. Suponhamos que essa lei fosse aprovada em resposta a essas petições, o descanso dominical adotado seria no estilo puritano ou no da Europa continental? Em outras palavras, será que os seis milhões de protestantes obrigariam os sete milhões e duzentos mil católicos a guardar o domingo na forma puritana, ou mesmo na forma protestante, ou ficariam os sete milhões e duzentos mil católicos deixados à vontade aos domingos, observando os seis milhões de protestantes esperando em vão "o fôlego puritano" pelo qual o Dr. Herrick Johnson anseia? Mais do que isso: e se o domingo se tornasse compulsório entre esses dois grupos, será que os sete milhões e duzentos mil católicos não seriam capazes de tornar o domingo desagradável para os seis milhões de protestantes?

Senador Blair – Sei muito bem o que a classe trabalhadora passa. Eu passei fome quando criança. A primeira coisa de que me lembro na vida é ter passado fome. Sei como a classe operária se sente. Eu trabalhava

cialmente das ilhas britânicas. Essa forma de descanso dominical geralmente não possui restrições especiais quanto ao comportamento público e às atividades realizadas, e se distingue da prática britânica e norte-americana, que costuma apresentar restrições mais rígidas para esse dia devido à influência puritana que marcou a religião e a cultura anglo-saxônica.

duro durante a semana, e quando chegava sábado à noite, estava exausto; e, mesmo assim, eu teria sido obrigado a trabalhar todo o domingo até recomeçar a semana de trabalho na manhã de segunda-feira se não tivesse uma proibição ao trabalho dominical. Eu não teria tido qualquer chance de ter um descanso de 24 horas se a lei dominical não o tivesse me concedido. Tratava-se de uma lei civil que me garantia esse descanso. O grande proletariado neste país nunca conseguiria essas 24 horas de descanso se não houvesse sido estabelecido uma lei nesta terra que lhes desse esse direito. Existe esse fato prático e estamos lutando em favor dessa classe de pessoas: homens, mulheres e crianças cansados e famintos por todo este país que querem ter a oportunidade de se deitar e descansar por 24 horas durante cada semana.

Sr. Jones – Também trilhei esse mesmo caminho da classe operária. Já fui servente de pedreiro durante o dia. Já trabalhei duro com o martelo e deslizei muita plaina dia após dia. Sou um homem trabalhador agora tanto quanto sempre fui, embora não exatamente da mesma forma. E lhe digo que nunca fui privado das minhas 24 horas de descanso. Afirmo também que não há tantos assim obrigados a perder seu dia de descanso como esses defensores da lei dominical tentam nos fazer crer. O Dr. Crafts disse noite passada em assembleia que havia entrado em contato com pessoas de todas as nações, menos duas, e, conforme suas palavras,

> "Ao redor do mundo ele não pôde encontrar um homem que houvesse sofrido perdas financeiras por recusar-se a trabalhar no domingo. Mas muitos têm alcançado ganhos graças ao sacrifício consciencioso."

Foram dados muitos testemunhos na convenção de Chicago no último mês sobre situações semelhantes neste país. E na convenção ora reunida nessa cidade, o distinto Sr. Dingley, membro do Congresso, proveniente do Maine, disse noite passada que a classe trabalhadora norte--americana está indiferente aos esforços feitos nessa direção.

Senador Blair – Ele está equivocado a esse respeito. O Sr. Dingley não sabia do que estava falando quando fez essa afirmação.

Sr. Jones – Ele disse ter investigado o assunto.

Senador Blair – Eu investiguei o assunto e digo que o Sr. Dingley estava simplesmente laborando em erro.

Sr. Jones – O Dr. Crafts disse nesta manhã que ele falou por duas horas numa convenção de operários em Indianápolis, respondendo às suas perguntas, e que no final de duas horas eles endossaram esse movimento. Se eles estão clamando por isso, se estão arrancando os cabelos por isso, como pode ser possível que ele tivesse que falar por duas horas para convencê-los de que o movimento era legítimo?

Senador Blair – Use a declaração dele por completo, se você de fato a usou no mínimo que seja. Ele disse que eles estão clamando por isso.

Sr. Jones – Então por que foi necessário falar com eles por duas horas?

Senador Blair – Então você simplesmente diz que ele não estava falando a verdade? Você está desacreditando a testemunha?

Sr. Jones – Sim!

Senador Blair – Você diz que talvez ele não estivesse falando a verdade, e isso é tudo. Eu creio que ele estava certo.

Sr. Jones – Mas as duas coisas não se harmonizam corretamente. Se eles estão clamando por essa lei dominical tão avidamente, certamente não teriam sido necessárias duas horas para convertê-los a essa causa. O fato é que a classe operária não está reivindicando isso. Grandes esforços estão sendo feitos para fazer com que assim pareça. Mas os Cavaleiros do Trabalho nunca deram qualquer passo nessa direção, exceto quando solicitados pelo Dr. Crafts. Este projeto de lei mal havia sido apresentado na última primavera antes de o Dr. Crafts ter feito uma viagem para Chicago e outras cidades, pedindo o endosso dos Cavaleiros do Trabalho. Em vez de eles solicitarem esta lei dominical, eles primeiramente foram solicitados ou convencidos a solicitar tal lei. O objetivo dela teve de ser explicado, objeções foram respondidas, antes mesmo de serem convencidos a apoiá-la. O propósito da petição em favor deste projeto de lei foi esclarecido pelo Dr. Crafts ao Sindicato Central do Trabalho de Nova Iorque, de quem recebeu o apoio. O Sindicato Central do Trabalho engloba um grande número de organizações trabalhistas; e o *Sindicato Cristão* [Christian Union] declara que o Sindicato Central do Trabalho é uma organização "radicalmente socialista". Isso, por si só, não seria particularmente importante não fosse o fato de que os argumentos que o Dr. Crafts apresenta a essas organizações em busca de seu apoio são totalmente socialistas. Mas isso não se limita apenas ao Dr. Crafts. Outros líderes do movimento também defendem os mesmos princípios.

O Dr. Crafts esteve na Assembleia Geral dos Cavaleiros do Trabalho de Indianápolis no último mês para fazer com que os delegados ali endossassem a petição em favor da aprovação deste projeto de lei dominical. Ele se referiu a isso em seu discurso feito aqui nesta manhã. Parte de sua preleção foi dedicada a esse grupo, e outra parte aos Maquinistas Ferroviários. Um relato do seu discurso em Indianápolis foi impresso no *Jornal da União Trabalhista* [Journal of United Labor], o órgão oficial dos Cavaleiros do Trabalho da América, edição de quinta-feira, 29 de novembro de 1888. Isso foi o que ele lhes disse:

> "Tendo lido e relido atentamente a 'declaração de princípios', bem como a 'constituição' dos senhores, e tendo observado com interesse os corajosos, porém conservadores, esforços de seu líder, o Sr. Terence V. Powderly, contra a intemperança e outros grandes males, tenho-me visto tão de acordo com vocês que quase me decidi a me tornar um Cavaleiro do Trabalho. Se isso não ocorrer, será apenas porque creio que posso promover seus 'princípios' melhor como um aliado de fora."

A seguinte pergunta foi feita por um dos Cavaleiros:

> "Não seria a melhor maneira de parar os trens aos domingos fazer com que o governo assuma o controle do sistema ferroviário como um todo, conforme defende os Cavaleiros?

O Dr. Crafts respondeu:

> "Eu acredito nisso. Talvez a melhor maneira de começar a discussão sobre o controle governamental durante os sete dias da semana é debater esse projeto de lei regulamentando o controle governamental durante um dia. Se as ferrovias recusarem o pouco que pedimos agora, as pessoas demonstrarão a maior prontidão para assumir o controle completo."

Os Cavaleiros do Trabalho defendem a doutrina de que o governo deve ter o controle sobre todas as ferrovias do país, e contratar os homens sem ocupação do país com salários normais do setor, e administrar o sistema ferroviário, como administra no momento o Departamento dos Correios, independentemente de lucros ou prejuízos por parte do governo. Foi essa perspectiva que motivou a pergunta acima. O Dr. Crafts se propõe a defender os interesses dessa instituição mediante a solicitação de seu apoio no que diz respeito a este projeto de lei. Em outras palavras, se eles ajudarem os promotores da lei dominical a conseguir que o governo assuma o controle das ferrovias por um dia na semana, esses promotores então ajudarão os Cavaleiros a conseguir o controle governamental sobre o sistema ferroviário todos os dias da semana.

Outra questão discutida tanto ali quanto na convenção dos Maquinistas Ferroviários, em Richmond, Virgínia, foi a seguinte:

> "Será que trabalhar um dia a menos não significa também um sétimo a menos de salário?"

A resposta foi a seguinte:

> "A mesma quantidade de serviço ferroviário feita em sete dias pode ser feita em seis dias, e com qualidade melhor, por causa da melhor condição dos trabalhadores. Com esse argumento, os maquinistas teriam um respaldo para exigir e, se necessário, obrigar a companhia ferroviária a reajustar o esquema de pagamentos de tal forma que os homens recebam tanto quanto no presente."

Ou seja, o Dr. Crafts e os ativistas em prol da lei dominical se propõem a cooperar com os operários ferroviários no sentido de obrigar os empregadores a pagar um salário de sete dias de trabalho correspondente a uma semana de seis dias de trabalho. Tal pode ser comprovado pela seguinte petição enviada às casas legislativas dos Estados, que está sendo circulada por toda parte com a solicitação deste projeto de lei. Tive acesso a ela na convenção de Chicago. O Dr. Crafts distribuiu as petições a todos os presentes ali e ele está fazendo o mesmo agora na convenção desta cidade:

> "Às Assembleias Legislativas dos Estados: Os abaixo-assinados pedem veementemente a essa ilustre casa que aprove um projeto de lei proibindo qualquer um de contratar alguém ou ser contratado para mais do que seis dias por semana, exceto para serviço doméstico e o cuidado dos doentes, a fim de que aqueles a quem a lei ou o costume permitem trabalhar aos domingos possam ter assegurado seu direito a algum outro dia de descanso semanal, bem como seu direito a ter um salário semanal por seis dias de trabalho."

Uma semana consiste em sete dias. Um salário semanal por seis dias de trabalho corresponde a um salário de sete dias para seis dias de trabalho. Essa petição solicita que as assembleias legislativas de todos os Estados aprovem uma lei que proteja o *direito* dos empregados de receber um salário de sete dias correspondente a seis dias de trabalho. Ninguém neste mundo tem direito de receber um salário de sete dias por seis dias de trabalho. Se uma pessoa tem direito de receber um salário de sete dias por seis dias de trabalho, então ela tem o mesmo direito de receber um salário de seis dias por cinco dias de trabalho, ou um salário de cinco dias por quatro dias de trabalho, ou um salário de quatro dias por três dias de trabalho, ou um salário de três dias por dois dias de trabalho, ou um salário de dois dias por um dia de trabalho, ou ainda um salário de um dia por nenhum dia de trabalho. Isso é exatamente o que está sendo proposto aqui. Ou seja, ao se propor que se pague um salário de sete dias por seis dias de trabalho, está se propondo pagar um salário de um dia por nenhum dia trabalhado. Mas se alguém tem o direito a um salário de um dia por não fazer nada, por que a necessidade de definir um dia específico para interromper o trabalho? Por que não levar isso às últimas consequências e pagar um operário um salário completo por qualquer outro dia que ele decida não trabalhar? Pode-se pensar que eu esteja interpretando mal o significado dessa petição. No entanto, se a petição solicita que ninguém seja autorizado a contratar uma pessoa por mais de seis dias por semana, ela pode significar apenas que uma semana deve ser composta de seis dias, e que se deve pagar apenas um salário semanal de seis dias correspondente a seis dias trabalhados. Mas esse *não* é o significado da petição. Essa não é a intenção daqueles que estão tentando obter o apoio dos Cavaleiros do Trabalho, ao formularem e fazerem circular esta petição.

Gostaria de mencionar agora um episódio com o Dr. George Elliott, pastor da Igreja Metodista da Fundição nesta cidade – a igreja onde a Convenção Nacional do Domingo está sendo realizada –, a igreja que agora se encontra adornada com catorze milhões de petições, as quais eles não possuem. "Adornada", pelo menos em parte, com *um* Cardeal multiplicado por sete milhões e duzentas mil vezes. O Dr. Elliott, enquanto falava em favor deste projeto de lei hoje de manhã, foi questionado pelo senador Call com as seguintes perguntas:

> "Você propõe que o Congresso faça provisões para pagar as pessoas que trabalham para o governo, e que estão isentas de trabalhar no domingo, pelo serviço não prestado nesse dia?"
>
> "**Dr. Elliott** – Espero que vocês deem a eles a compensação adequada."
>
> "**Senador Call** – Você propõe que a mesma quantia paga por sete dias deva ser paga por seis dias de trabalho?"
>
> "**Dr. Elliott** – Sim, pela razão de acreditarmos que esses empregados podem fazer todo o trabalho a ser feito em seis dias. E se fizerem todo o trabalho, eles devem receber o pagamento completo."

Percebe-se, portanto, em linguagem clara e inconfundível, que eles deliberadamente estão propondo leis estaduais e nacionais que obrigarão os empregadores a pagar um salário de sete dias por seis dias de trabalho. Isso é puro socialismo; é a própria essência do socialismo. Não é de admirar que os defensores da lei tenham conquistado a adesão unânime da convenção dos Cavaleiros do Trabalho, dos Maquinistas Ferroviários e do Sindicato Socialista do Trabalho da cidade de Nova Iorque, ao lhes propor pagar bons salários sem fazer nada [em um dia da semana]. Confesso que eu também apoiaria este projeto de lei diante de uma proposta como essa, *se olhasse somente para as vantagens financeiras que ele oferece.*

Mas isso não é tudo. Os Cavaleiros do Trabalho não apenas aceitam a proposta, mas logicamente têm a intenção de ampliá-la, com base no princípio de redução de horas de trabalho que defendem. Já faz algum tempo que eles vêm exigindo uma remuneração de dez horas correspondente a oito horas de trabalho, ou seja, duas horas de pagamento por nenhum trabalho. O *Sindicato Cristão* e a *Revisão Católica* [Catholic Review] se propõem a ajudar os trabalhadores a conseguir a reivindicada lei da jornada de oito horas em troca do apoio deles em favor da lei da semana de seis dias mediante a proibição de todo trabalho no domingo. Os Drs. Crafts e Elliott vão um passo adiante e pretendem assegurar o apoio dos trabalhadores por meio da promulgação de leis que obrigam os empregadores a pagar-lhes o salário total referente ao dia de domingo sem que façam nada. Mas os Cavaleiros do Trabalho não têm a intenção de parar por aí. A mesma edição do *Jornal da União Trabalhista* [Journal of United Labor], que publicou o discurso do Dr. Crafts, contém a seguinte nota editorial sobre esse ponto:

> "Por que essa lei não deveria ser promulgada? Todo o trabalho realizado agora a cada semana poderia facilmente ser feito em cinco dias de oito horas se fosse dado emprego a homens desempregados dispostos que agora andam pelas ruas. É um crime forçar uma parte da comunidade a se matar por excesso de trabalho, enquanto outra está sofrendo de privação e fome, sem nenhuma oportunidade de trabalho. O discurso do Rev. Crafts, publicado em outro lugar, fornece abundante argumentação acerca de como a lei poderia ser posta em vigor."

Assim, enquanto os defensores da lei dominical propõem pagar um salário semanal por seis dias de trabalho de oito horas cada, alegando que todo o trabalho que agora é feito em sete dias pode ser feito em seis, os Cavaleiros do Trabalho, por sua vez, propõem estabelecer um salário semanal por cinco dias de trabalho. Eles argumentam que, ao dar emprego a todos os homens desocupados, todo o trabalho agora feito em sete dias pode ser feito em cinco. E como disse o Dr. Elliott: "Se eles fizerem todo o trabalho, eles devem receber o pagamento completo". Mas se um salário semanal deve ser pago por cinco dias de trabalho de oito horas cada, ou seja, se dois dias de trabalho podem justificadamente ser pagos por nenhum trabalho, será que as reivindicações parariam aí? Se o governo deve tomar o controle total das ferrovias e pagar o salário de dois dias por nenhum serviço prestado, e se os Estados devem aprovar leis obrigando os empregadores a pagar dois dias de trabalho aos empregados sem fazerem nada, então não é de admirar a insistência deles para que o governo, tanto estadual quanto federal, tome posse de tudo a fim de pagar salários completos o tempo todo sem a prestação dos devidos serviços. Se os empregados têm o direito de ter um dia de salário sem trabalhar por ele, qual seria o limite do exercício desse direito? A realidade é que não há limite. Se um homem tem o direito de receber salários por não fazer nada parte do tempo, ele tem também o direito de receber salários por não fazer nada todo o tempo. E o princípio que serve de base para o Dr. Crafts e seus *aliados* na lei dominical conseguirem o apoio da classe operária neste projeto de lei não é nada mais do que evidente socialismo.

Há um ponto aqui que merece séria consideração da classe operária. Os ativistas da causa pró-lei-dominical declaram ter grande simpatia pela luta do proletariado contra os monopólios opressivos; e mediante a promulgação de leis dominicais, eles pretendem livrar a classe operária do poder desses monopólios. No entanto, em lugar de todos esses outros monopólios, a intenção deles é estabelecer um *monopólio da religião* e fazer com que o governo lhes garanta usufruir permanentemente dele. Eles podem falar o quanto quiserem sobre os tipos de monopólios predatórios, opressivos e gananciosos, e há verdade nisso; mas, de todos os monopólios, o mais ganancioso, o mais opressivo, e o mais inescrupuloso que o mundo já viu ou poderá ver é um monopólio religioso. Quando esses líderes de legislação religiosa tiverem libertado a classe operária dos outros monopólios – se de fato conseguirem fazê-lo – então a importante questão será: Quem livrará os trabalhadores do monopólio religioso?

Senador Blair – Se abolirmos a lei de descanso, privarmos os trabalhadores desse privilégio e dermos às corporações, aos proprietários de tabernas e a todos os demais total liberdade de arruinar esse descanso de 24 horas, os legisladores não terão dúvida se as pessoas desejam ou não esse descanso, ou se têm necessidade desses legisladores.

Sr. Jones – Há muitas maneiras de ajudar os operários sem estabelecer um monopólio religioso e impor a todos alguma observância religiosa. Há outra questão que merece destaque aqui. Os que estão pedindo a lei e os que trabalham em prol dela são os que obrigam o povo a trabalhar no domingo. Na Convenção Dominical Estadual de Illinois, na cidade de Chicago, no último mês, declarou-se no primeiro discurso proferido ali: "Lembramo-nos de como os trabalhadores são obrigados pelas grandes corporações a profanar o domingo". A frase seguinte foi esta: "Nós também nos lembramos de que os acionistas e os proprietários dessas ferrovias são membros das igrejas, e que eles se assentam nos bancos e inclinam sua cabeça na casa de Deus no domingo."

Senador Blair – Isso só mostra que há hipócritas neste mundo. O que isso tem que ver com este projeto de lei?

Sr. Jones – Vou chegar lá. Isso tem muito que ver com essa proposta de lei. Aqueles homens disseram que os acionistas proprietários das ferrovias agem dessa forma. E um ministro disse ali que o presidente de uma ferrovia lhe disse que havia mais solicitações de trens no domingo por parte de pregadores do que de qualquer outro grupo.

Senador Blair – Então há muitos hipócritas entre os pregadores.

Sr. Jones – Exatamente, e o senhor mesmo reconhece isso. Confesso que tenho a mesma convicção que o senhor e não posso contestá-lo nesse ponto.

Senador Blair – De fato, reconheço que tudo isso pode ser verdade. Mas se for de fato verdade, esse assunto não diz respeito ao ponto em questão.

Sr. Jones – Se esses pregadores e membros de igreja não estão dispostos a observar o domingo em obediência ao que dizem ser o mandamento de Deus, será que vão guardá-lo em obediência ao mandamento do Estado?

Senador Blair – Certamente aqueles que trabalham arduamente necessitam de descanso. Os pregadores, membros de igrejas e milionários podem fazer como desejarem. O projeto de lei em questão diz que o governo federal, participando da jurisdição do governo civil dos Estados Unidos, mediante concessão feita pelos Estados e em virtude do controle que possui sobre o comércio interestadual, os correios, o exército e a marinha, fará uso dos poderes a ele concedidos pelos Estados no que diz respeito à jurisdição, e não introduzirá práticas que destruam o dia de repouso nos Estados. Esse é o objetivo dessa legislação. Isso é tudo o que se propõe aqui. Trata-se simplesmente de uma lei cuja intenção é tornar eficientes as leis do descanso dominical do Estado, e nada mais.

Sr. Jones – Mas essas leis deverão ser impostas, se de fato o forem, por aqueles que são fortemente a favor delas.

Senador Blair – Não; serão impostas pelo Estado. Se essas pessoas forem a favor delas, ou contra elas, ou a violarem, esse é outro assunto. Um homem pode ser a favor de uma lei que ele viola. Um grande número das pessoas mais destacadas na causa da temperança no mundo usam bebidas intoxicantes. Elas dizem que estão conscientes do malefício causado e que são a favor da promulgação de uma lei que extirpe esses males. Os mais fortes defensores que já vi da legislação pró-temperança são homens que já chegaram à conclusão de que o túmulo está logo adiante deles. Eles não podem se livrar do apetite, mas pedem ao governo uma legislação que salve os jovens.

Sr. Jones – Tudo isso está certo. Sou favorável a proibições de bebidas alcoólicas, mas não a proibições dominicais.

Senador Blair – Você não pode citar a prática de uma pessoa como um argumento sobre uma questão que atinge o bem público. O princípio de um homem não fica corrompido porque ele mesmo deixa de viver à altura dele.

Sr. Jones – Mas o aspecto velado de toda essa questão é este: Como argumento a favor da lei dominical, esses homens afirmam que as grandes corporações ferroviárias profanam o domingo como dia de descanso, e por insistirem que os trens circulem aos domingos, tais empresas obrigam os ferroviários a trabalhar nesse dia e profaná-lo. Os defensores da lei, ao mesmo tempo, afirmam que os proprietários das ferrovias também pertencem às igrejas. Portanto, se as ferrovias obrigam seus operários a profanar o domingo e os proprietários delas são membros de igreja, então quem senão os próprios membros de igreja é que estão obrigando as pessoas a profanar o dia?

Além disso, eles citaram em Chicago uma declaração de um presidente de uma empresa ferroviária, dizendo que as ferrovias "recebem mais solicitações de trens aos domingos assinadas por pregadores" do que por outras pessoas. Mas como os membros de igrejas são proprietários dessas ferrovias, e os pregadores lhes pedem que os trens circulem aos domingos, então sobre quem deve recair a culpa pela "profanação" do dia a não ser sobre os pregadores e os próprios membros que frequentam suas paróquias? Será que os pregadores não podem parar de solicitar trens aos domingos sem serem obrigados a fazê-lo mediante leis civis? Na convenção de Chicago no mês passado, ocorrida nos dias 20 e 21 de novembro, o Dr. Knowles, que é secretário da União Nacional da Lei Dominical, disse que, pela influência de William E. Dodge, mesmo após sua morte, a Companhia Ferroviária Delaware & Lackawanna havia resistido à tentação de fazer circular trens aos domingos até este ano. Contudo, 500 ministros se reuniram numa conferência em Nova Iorque e viajaram até lá no domingo usando os serviços ferroviários de empresas concorrentes. Esse incidente deixou, desde então, de mãos atadas os membros da comissão da observância dominical. Depois disso, quando os diretores da Delaware & Lackawanna foram solicitados a suspender o funcionamento dos trens aos domingos, eles responderam:

> "Como vocês podem vir até nós pedindo que não circulemos trens aos domingos, quando centenas de seus pregadores usam aos domingos os serviços de nossos concorrentes, que circulam nesse dia? Se os seus pregadores usam outras linhas ferroviárias no domingo, não vemos por que eles e outras pessoas não possam fazer uso de nossos trens nesse dia. E se não há problema algum que essas outras companhias circulem trens aos domingos – e certamente ministros do evangelho não circulariam neles se isso fosse errado –, então não conseguimos ver que grande erro estamos cometendo ao fazer os trens funcionarem no domingo."

Essa foi uma resposta muito adequada. Não é de admirar que as mãos da comissão dominical estejam atadas. E, todavia, foi essa mesma conferência, com seus 500 pregadores reunidos em Nova Iorque no último verão, que tomou o primeiro passo decisivo em favor da organização da Associação Nacional do Domingo, cujo secretário é o próprio Dr. Knowles.

Todos esses fatos nos conduzem à seguinte conjuntura: (1) membros de igreja são os proprietários das ferrovias; (2) pregadores assinam solicitações para que os trens funcionem aos domingos; (3) os membros de igreja apoiam esses pedidos de trens aos domingos por parte dos pregadores, e estes circulam neles no domingo, e outros membros de igreja fazem passeios de trem também nesse dia; (4) então todo esse grupo – composto de pregadores e membros de igreja – se une para fazer uma petição ao Congresso e às Assembleias Legislativas para que se promulgue uma lei que suspenda todos os trens de domingo! Ou seja, eles querem que o poder legislativo, em nível estadual e federal, obrigue seus próprios membros de igreja proprietários de ferrovias a não atender ao pedido dos pregadores por trens aos domingos. Em outras palavras, eles querem que o poder civil obrigue a todos – pregadores e membros de igreja – a agir como eles pregam que os cristãos deveriam agir. E insistem em citar o tempo todo o mandamento de Deus, "Lembra-te do dia de sábado para o santificar" [que eles interpretam tratar-se do domingo]. Mas se eles não se mostram dispostos a obedecer ao mandamento de Deus que eles mesmos conhecem e citam, que segurança temos de que eles obedecerão à lei do Congresso ou das Assembleias Legislativas quando conseguirem sua aprovação, especialmente diante da realidade de que ficará a cargo deles próprios supervisionar se a lei está sendo cumprida? Será que eles vão se sentir obrigados pela lei civil a fazer o que eles próprios não estão dispostos a fazer de outra forma? A suma de tudo isso é que eles querem que o poder civil aplique a disciplina eclesiástica, não apenas sobre eles mesmos, mas sobre todos os demais. Todo o sistema e todas as pretensões que sustentam a exigência desta lei dominical são tendenciosos.

Quanto à aplicação da lei, esta ficará sob a responsabilidade daqueles que estão trabalhando para consegui-la, porque é certo que os que não a desejam não a farão cumprir. Além disso, os oficiais de justiça não se sentem atraídos a exigir o cumprimento de leis que não recebem o apoio da opinião pública. Isso é comprovado pelo fato de que o Estado de Illinois e a cidade de Chicago possuem atualmente leis dominicais convenientes a qualquer pessoa razoável, mas mesmo assim nenhuma delas é aplicada. E os pregadores daquele Estado e cidade, em vez de supervisionarem o cumprimento delas, convocam convenção após convenção para elaborarem mais leis dominicais, em nível estadual e nacional.

Qual, então, será o próximo plano? Será tornar o assunto uma questão política em nível estadual e nacional, e fazer com que a promulgação e a aplicação de leis dominicais se tornem um meio de comprar votos e apoio político. Isso é comprovado pelas seguintes resoluções adotadas pela Convenção da Lei Dominical de Elgin:

> "Fica decidido que consideramos com vergonha e tristeza a não observância do descanso dominical por muitas pessoas cristãs, visto que reina entre elas o costume de comprar jornais de domingo, de participar de negócios, patrociná-los e fazer viagens nesse dia e, em muitas situações, entregar-se ao prazer e autoindulgência, deixando de lado de forma negligente e indiferente os importantes deveres e privilégios proporcionados pelo dia do Senhor.

> "Fica decidido que daremos nossos votos e apoio aos candidatos ou políticos que se comprometerem a votar pela aprovação e cumprimento dos estatutos em favor do dia de descanso civil."

Uma resolução como essa pode funcionar em Illinois, embora isso seja duvidoso, mas levando em conta a própria declaração feita naquela convenção, é certo que essa resolução jamais poderá funcionar sob a Constituição dos Estados Unidos da América. Foi afirmado nessa convenção que o descanso dominical, aceito como o sábado cristão é "o teste de toda religião". Exigir que os candidatos ou políticos se comprometam a votar pela promulgação e aplicação de leis em favor do descanso dominical significa, portanto, o mesmo que exigir um teste religioso como qualificação para cargos públicos. A Constituição deste país declara que "nenhum teste religioso jamais será exigido como qualificação para qualquer cargo público ou de confiança sob este governo"; consequentemente, nenhum teste de dia de descanso religioso ou de lei dominical poderá jamais ser aplicado a qualquer candidato a algum cargo público federal ou de confiança.

É verdade que eles usam a palavra *civil* na resolução, mas a terminologia reflete muito do que eles fazem em outros setores. Não existe e não pode existir nada que possa ser chamado de Sábado *civil*. O Sábado é inteiramente religioso, e eles sabem disso. E em toda a discussão que fizeram na convenção sobre essa resolução, e nos temas relacionados, ficou claro que o dia descanso era uma instituição religiosa e nada mais que isso.

Senador Blair – Há algum outro ponto que você gostaria de apresentar?

Sr. Jones – Há outro ponto, e é o fato de que sofreremos sob essa lei quando for aprovada. Eles pretendem colocar nela uma cláusula de isenção. Alguns deles são favoráveis a essa medida, mas nossa oposição a esta lei não diminuiria um milímetro sequer, mesmo que 40 isenções fossem inseridas, a menos que inserissem uma cláusula isentando a *todos* os que não quisessem guardar o descanso dominical. Nesse caso, talvez não nos oporíamos tanto.

Senador Blair – Para você é indiferente se uma cláusula de isenção é colocada ou não?

Sr. Jones – Esta legislação não é legítima de forma alguma, e jamais aceitaremos uma cláusula de isenção como compensação à nossa oposição a tal lei. Não é porque queremos algum tipo de alívio para nós mesmos que nos opomos à lei. Nós nos opomos ao princípio que sustenta todo esse assunto da legislação dominical, e uma cláusula de isenção não poderia modificar nossa objeção em ponto algum.

Senador Blair – Você discorda do Dr. Lewis?

Sr. Jones – Sim, senhor. Jamais aceitaremos uma cláusula de isenção que pudesse transmitir, no mínimo que fosse, a ideia de que estamos modificando nossa oposição a esta lei. De forma veemente negamos completamente o direito do Estado de legislar sobre este assunto, com ou sem uma cláusula de isenção.

Senador Blair – A sua denominação é três vezes mais numerosa que a dele?

Sr. Jones – Sim, senhor. Somos aproximadamente 30 mil membros e não pedimos nenhuma cláusula de isenção. Nossa posição se firma completamente sobre o princípio envolvido na questão. Não deveria haver nenhuma exceção numa lei justa. Se a lei for justa, é errado conceder isenções.

Em 1887, a própria Sra. Bateham escreveu e publicou uma "Carta aos Crentes no Sábado do Sétimo Dia", propondo, em essência, que se ajudássemos na aprovação de uma lei dominical, eles nos isentariam das penalidades. Nossa resposta então foi a mesma que damos agora e que sempre daremos. Não ajudaremos os senhores a colocar sobre outros o que não desejaríamos para nós mesmos.

Senador Blair – Você faz objeção à lei?

Sr. Jones – Fazemos objeção ao princípio geral da legislação proposta. Vamos à raiz do assunto e negamos o direito do Congresso de decretá-la.

Senador Blair – Você afirma que a isenção proposta não melhora em nada a lei?

Sr. Jones – Nem um pouco, porque se a legitimidade da legislação for admitida, então teremos que admitir que a maioria tem o direito de definir qual dia deverá ser o dia de descanso bíblico ou o dia do Senhor e de exigir que ele seja guardado. A maioria muda no governo civil; ela pode mudar em poucos anos – pode mudar, na verdade, em qualquer eleição. Então, essa nova maioria pode dizer que o dia que cremos ser o certo deva ser observado, ou, por outro lado, pode dizer que esse não é mais o dia a ser observado. Se aceitarmos que essa legislação é válida, temos que admitir também que a legislação seja válida no que respeite a proibição da observância de qualquer dia. Isso faz com que a guarda do domingo, ou qualquer outro dia, simplesmente se torne um joguete nas mãos da maioria. Essa tem sido a trilha das legislações religiosas desde a formação do papado em diante, e esse é o propósito de todo tipo de legislação religiosa onde quer que seja.

Senador Blair – Você não acha que há uma distinção entre a maioria num governo monárquico e a maioria num governo republicano? Numa monarquia, a maioria é simplesmente uma pessoa que detém o poder.

Sr. Jones – Mas numa república, quando o assunto de legislação religiosa se torna uma questão civil, a diferença é muito grande. Ora, senhor, nós seríamos contra aprovação de uma lei que impusesse a observância do próprio dia que guardamos, e, nesse caso, a aceitação de uma cláusula de isenção não passaria de uma contradição. Permita-me ilustrar isso: Houve um tempo em que não guardávamos o sábado do sétimo dia como o dia de descanso bíblico. Enquanto não o guardávamos, tínhamos o direito de não fazê-lo. Mas nos convencemos de que devemos guardá-lo e essa é nossa prática atual. Então, temos o direito de observá-lo. Mais do que isso, temos novamente o direito de não guardá-lo se escolhermos não guardá-lo. Se mudássemos nossa posição e voltássemos a guardar o domingo, e concordássemos com o poder que o Estado pretende ter de nos obrigar a fazer aquilo que, mesmo aceitando por convicção, poderíamos deixar de fazer se assim quiséssemos, com essa atitude estaríamos renunciando a nossa liberdade de fé religiosa e de adoração, pois perderíamos o direito de renunciar novamente a essa prática se assim desejássemos. Se os defensores desta lei parassem pelo menos para *pensar* nessa questão, veriam que eles próprios não podem dar-se ao luxo de aceitar tal legislação, muito menos exigi-la. Ninguém jamais pode com segurança apoiar qualquer tipo de legislação em favor da própria forma de fé ou adoração que professa. Ao fazê-lo, ele abre mão de seu direito de professar outra forma de fé caso fique convencido de que esta está mais próxima da verdade do que a que possuía antes. Tal pessoa estaria, em essência, renunciando a seu direito de ter pensamentos avançados a respeito de observâncias religiosas, e desse momento em diante seria forçada a aceitar o que viesse pronto do poder legislativo, ou seja, aquilo que a maioria determinasse. Os observadores do domingo podem abrir mão de sua liberdade religiosa se quiserem, mas quanto a nós, não estamos dispostos a fazer isso. Estamos determinados a manter nossos direitos. Se eles vierem a abdicar de seus direitos, continuaremos a defender o direito deles de recuperá-los.

Outro ponto: Uma cláusula de isenção é apenas uma cláusula de tolerância disfarçada. Se nós a aceitarmos, estaríamos simplesmente confessando que todos os direitos religiosos se resumem ao que a maioria determina, e que estamos dispostos a aceitar *deles* qualquer tipo de liberdade religiosa que *eles* pensam que deveríamos ter. Mas jamais, senhor, faremos tal profissão de fé. Jamais concordaremos com coisas dessa natureza ou a elas nos submeteremos. Somos americanos e cidadãos dos Estados Unidos, também, e defendemos todos os direitos dos cidadãos americanos. O vocabulário dos conceitos americanos não conhece tal palavra como "tolerância". Nosso país garante *direitos*. Como foi expresso pela Comissão do Senado acerca desse mesmo assunto 60 anos atrás, assim falamos:

> "O que outras nações chamam de tolerância religiosa, nós chamamos de direitos religiosos. Estes não são exercidos em virtude de indulgência governamental, mas como direitos, dos quais o governo não pode privar nenhuma classe de cidadãos, embora pequena. Poderes despóticos podem invadir esses direitos, mas a justiça ainda os confirma."

Isso não é tudo que deve ser dito sobre esse ponto. Há outro princípio envolvido. Se fôssemos aceitar a cláusula de isenção, isso não ajudaria a situação. A contribuição seria extremamente curta. Suponhamos que uma cláusula de isenção fosse dada. Há pessoas que professariam ser adventistas do sétimo dia com o único objetivo de ter a chance de abrir bares e estabelecimentos comerciais no domingo. Portanto, em legítima autodefesa, a maioria teria que repelir a cláusula de isenção.

Senador Blair – Chame a atenção da Sra. Bateham para esse ponto.

Sr. Jones – Permita-me repetir. Se for concedida uma cláusula de isenção – e isso tem sido tentado – haverá homens repreensíveis e donos de tabernas, que sabem que conseguirão mais movimento de pessoas no domingo do que no sábado, e esses vão professar ser adventistas do sétimo dia e guardadores do sábado. Vocês não podem "penetrar no íntimo", não podem enxergar o que está dentro do coração, não podem investigar as intenções para se certificarem de que a profissão de fé deles é genuína ou não. Eles professarão guardar o sábado do sétimo dia, e então abrirão as tabernas no domingo. Por conseguinte, com justificada autodefesa, para tornar a posição de vocês efetiva, vocês terão que repelir essa cláusula de isenção. Ela vai durar muito pouco tempo.

Senador Blair – Concordo com você nesse ponto.

Sr. Jones – Por essa razão, os defensores desta lei não podem se dar ao luxo de oferecer uma cláusula de isenção; e pelo fato de ela colocar a maioria no poder de nossas consciências, negamos o direito de que qualquer coisa dessa natureza seja feita. Peço às organizações aqui representadas que pensem sobre esse assunto após o término desta audiência. Creio que esta argumentação resistirá à prova de toda investigação que eles decidirem dar ao assunto.

Senador Blair – Gostaria de chamar a atenção de todos para esse ponto. Se os senhores precisam de uma legislação dessa natureza, seria melhor que todos se certificassem de que a lei proposta cumpra o que os senhores pretendem; e tomem cuidado para que, no afã de angariar o apoio dos partidos que se opõem ao projeto, os senhores não joguem fora a essência de tudo pelo que estão lutando.

Sr. Jones – Sim, senhor, esse é o ponto. Para mostrar o *modus operandi*, gostaria de mostrar que o Estado de Arkansas, em 1885, tinha uma cláusula de isenção em sua lei dominical. Essa cláusula de isenção, conforme relatam os fatos, foi usada de forma oportunista pelos donos de tabernas para manterem abertos seus estabelecimentos no domingo. Uma delegação foi até a Assembleia Legislativa do Arkansas e pediu-lhes que revogassem a cláusula de isenção, de modo que pudessem fechar os bares aos domingos. A Assembleia revogou a cláusula. Se eles tivessem fechado as tabernas no domingo, isso teria sido muito bom. Mas eles nem sequer tentaram fazê-lo. Não houve sequer um proprietário de bar preso por causa da revogação da cláusula de isenção. Houve apenas dois homens que não guardavam o sétimo dia que foram presos ao ser ela revogada. Não houve uma pessoa sequer não guardadora do sétimo dia multada devido à revogação da cláusula. Por outro lado, houve batistas do sétimo dia e alguns adventistas do sétimo dia muito pobres que foram processados e multados. Chegaram a tomar o único cavalo e a vaca de um homem, e por fim seus irmãos ajuntaram algum dinheiro para livrá-lo da cadeia. Esses homens foram processados muitas vezes e os advogados do Estado, sob a liderança do Senador Crockett, conseguiram aprovar no legislativo um projeto de lei, apesar da persistente oposição dos dirigentes das igrejas, restaurando a cláusula de isenção para salvar essas pobres e inocentes pessoas da perseguição que estava ocorrendo.[7]

Senador Blair – Fico feliz que o senhor tenha exposto esse caso, porque foi algo que realmente aconteceu.

Sr. Jones – Peço a permissão para ler a declaração feita pelo senador Crockett sobre o assunto na Assembleia Legislativa do Arkansas :

"Permita-me, senhor, ilustrar a operação da presente lei com um ou dois exemplos. Um tal de Sr. Swearingen mudou-se de um Estado do norte e se estabeleceu numa fazenda em certo condado. Sua fazenda ficava a uns seis quilômetros e meio da cidade, e distante de qualquer casa de culto religioso. Ele era membro da Igreja Adventista do Sétimo Dia e, após ter guardado fielmente o dia de descanso de seu povo, o sábado do sétimo dia, abstendo-se de todo trabalho secular, ele e seu filho, um garoto de dezessete anos, no primeiro dia da semana, foram cuidar pacificamente de suas ocupações rotineiras. Eles não perturbaram ninguém, nem se interferiram com o direito de ninguém. Mas eles foram vistos e levados ao Grande Júri, denunciados, presos, julgados, condenados, e multados. Não tendo dinheiro para pagar a multa, essas pessoas de bem, cidadãos cristãos do Arkansas, foram arrastadas até a cadeia do condado e presas como criminosos por 25 dias. E por qual razão? Por ousarem, nesta suposta terra de liberdade, no ano de nosso Senhor de 1887, adorar a Deus."

"Foi esse o fim dessa história? Infelizmente não, senhor! Eles foram soltos; e o único cavalo daquele velho homem, sua única forma de trazer pão para seus filhos, foi confiscado como forma de pagamento da multa e custas num total de 38 dólares. O cavalo foi leiloado por 27 dólares. Alguns dias depois, o xerife voltou e exigiu 36 dólares, onze dólares para cobrir um saldo restante de multa e custas e mais 25 dólares como pagamento da estadia do pobre

---

[7] Todavia, nessa mesma Assembleia Legislativa, no ano de 1889, os líderes eclesiásticos fizeram de tudo para revogar a cláusula de isenção. Descobriu-se, então, que eles tinham elegido homens para o legislativo que haviam se comprometido a anular a cláusula de isenção. O projeto de lei foi aprovado no Senado, mas derrotado na Câmara. Isso prova minha posição de que não há liberdade alguma numa cláusula de isenção.

homem e seu filho na cadeia. E quando o pobre e velho homem – um cristão, vale lembrar – disse ao xerife, com lágrimas nos olhos, que ele não tinha dinheiro algum, o xerife prontamente confiscou sua única vaca, mas foi persuadido a manter o animal sob penhora, e a quantia foi paga mediante contribuições de amigos da mesma fé. Senhor, meu coração falta explodir de indignação quando repito aqui essa história infame."

"Mais uma e terminarei. Senhor, eu lhe peço e também aos senadores que creiam que essa não é nenhuma história fantasiosa ou exagerada. Cinco anos atrás, um jovem, recém-casado, veio para um condado de Ohio. Ele e sua esposa eram batistas do sétimo dia. A jovem havia deixado seu pai, mãe, irmãos, irmãs e todos seus queridos amigos de infância para acompanhar o jovem esposo ao Arkansas – para eles era a terra da promessa. A luz do amor irradiava dos olhos daquela jovem. Suas faces rosadas mostravam saúde, o riso prateado era como suave música, do qual o jovem marido jamais se cansava. O casal comprou uma pequena fazenda e rapidamente, através de incansável trabalho e estrita economia, o lar deles floresceu como rosa no deserto. Depois de algum tempo, um belo bebê veio para deixar o sol mais radiante e suavizar ainda mais o canto dos pássaros. Eles estavam felizes com a afeição e amor que um tinha pelo outro e pela criança. Para eles, "todas as coisas cooperavam para o bem", pois adoravam a Deus de modo humilde e confiante e amavam seus semelhantes.

Dois anos atrás, a lei que permitira o crescimento de sua prosperidade e felicidade foi revogada! Maldito seja o dia que trouxe essa sórdida mancha sobre a íntegra fama de nosso Estado! Uma mudança súbita, fria e arrasadora como uma tempestade atingiu a vida deles, e sem piedade murcharam todas as suas brilhantes flores de esperança. Sob essa revogação, a perseguição levantou sua terrível cabeça peçonhenta. O herói da minha triste história foi visto, por um vizinho invejoso e zeloso, trabalhando tranquilamente no domingo, na convicção de que Deus assim ordenara. Ele foi levado perante aquela relíquia de barbárie inquisitorial, o Grande Júri, indiciado, julgado, condenado e lançado na cadeia, pois sua consciência não lhe permitia pagar a multa.

"Semana após semana se arrastavam lentamente. A cada dia a jovem esposa, com o bebê nos braços, aguardava no portão o retorno do marido, e, à semelhança de Mariana no poema de Tennyson, Ela apenas lamentava: 'Minha vida é sombria' – Ele não vem', dizia ela. E repetia: 'Estou cansada, cansada. Quem dera estivesse morta.'"

"O bebê adoeceu e veio a falecer; a luz dos olhos dessa jovem esposa desvaneceu-se em lagrimas; seu sorriso, antes brilhante, transformou-se em soluços profundos e angustiantes. A miséria, com sua palidez mortífera, arrebatou o colorido rosado de suas faces e plantou no lugar seu tom lívido. Senhor, como posso prosseguir? Por fim, essa lei cruel foi atenuada e aquele inofensivo cidadão (exceto pelo fato de ele ter amado a Deus e tentado Lhe obedecer) foi liberto da prisão e, exausto, tropegamente voltou ao doce lar que deixara algumas semanas antes. Ele encontrou seus vizinhos no portão carregando um caixão. Não perguntou nada, pois seu coração respondeu tudo. Não, nem tudo! Ele não sabia – e nunca poderia saber – das horas de solidão de sua esposa, de suas tristes lágrimas, de sua cansativa vigilância e espera, de seus rogos a Deus – o Deus por quem ela havia sofrido tanto – por ajuda nos momentos de extrema necessidade quando o bebê adoeceu e morreu. Ele não sabia de toda essa penúria. Mas foi com eles ao campo, ao silencioso cemitério, e viu ao lado da cova aberta um pequeno monte coberto recentemente com cascalho. Então soube que Deus havia tomado as duas preciosidades de sua vida; e agora estava sozinho. Sua dor foi profunda demais para chorar. Com olhos fixos, viu os amigos descerem o corpo de sua jovem esposa na cova. Ouviu o barulho da terra caindo sobre o caixão e sentiu como se ela estivesse despencando sobre seu coração. O trabalho foi feito e os vizinhos o deixaram ali com seus falecidos entes queridos. Em seguida, ele se atirou ao chão entre as duas sepulturas abraçando cada monte com um dos braços. As lágrimas então verteram em fortes torrentes, impedindo que seu coração partisse. Em soluços, fez a amarga despedida de seus queridos, e deixou o Arkansas para sempre. Deixou-o, sim, senhor, como centenas de outros estão se preparando para deixar também, se essa Assembleia Geral deixar de lhes devolver a proteção de seus direitos segundo a Constituição Federal e Estadual.

"Na próxima segunda-feira, em Malvern, seis cidadãos honestos, virtuosos e bons como muitos que vivem no Arkansas devem ser julgados como criminosos por se atreverem a adorar a Deus de acordo com os ditames de sua própria consciência, por exercerem um direito de que este governo, sob a Constituição, não tem direito algum de privá-los. Senhor, eu peço, em nome da justiça, em nome de nossas instituições republicanas, em nome dessas inofensivas pessoas que temem e servem a Deus, nossos concidadãos, e por último, senhor, em nome do Arkansas, que esse projeto [de isenção] seja aprovado e que esta repugnante mancha seja apagada do brasão de nossa gloriosa comunidade."

O Arkansas não estava sozinho nisso, apesar de lá terem acontecido coisas piores do que em qualquer outro lugar. Eu mesmo, juntamente com outros irmãos da Califórnia, tivemos que enviar centenas de dólares ao Tennessee para apoiar as famílias dos irmãos de nossa fé que vivem lá, enquanto os maridos e pais que traziam o dinheiro para a manutenção do lar estavam presos por haverem escolhido trabalhar por suas famílias no domingo, e por fazerem nesse dia pão após terem guardado o sábado do sétimo dia de acordo com sua consciência. Isso tem acontecido, Sr. Presidente desta comissão, em nosso país, nos Estados Unidos da América. Esse é o cuidado que essas pessoas têm para com homens trabalhadores.

Senador Blair – Com base nisso, seu argumento então é que não deveria haver nenhuma lei dominical de qualquer natureza?

Sr. Jones – Se vocês permitem uma lei dominical, também precisam levá-la até as últimas consequências. Ela deve ser aplicada. Tudo o que eles fizeram no Arkansas foi fazer com que a lei fosse cumprida, da mesma forma que o Império Romano cumpriu a lei e levaram cristãos à morte. Eles simplesmente fizeram cumprir a lei, mas a lei estava errada. Qualquer situação legal que gere circunstâncias como essas reflete uma conjuntura errada de leis.

Senador Blair – Este projeto de lei propõe que não se faça trabalho "para a perturbação de outros". Esse trabalho foi feito para a perturbação de outros.

Sr. Jones – Eu sei que este projeto de lei dominical nacional propõe que nenhum trabalho seja feito "para a perturbação de outros"; e é exatamente nessa frase que se encontra uma de suas piores características. O projeto de lei declara que ninguém deverá fazer qualquer tipo de trabalho, ou "se envolver em qualquer tipo de brincadeiras, jogos, diversões ou recreações para a perturbação de outros no primeiro dia da semana, comumente conhecido como o dia do Senhor, ou durante qualquer parte dele". Essa afirmação deixa inteiramente nas mãos da outra pessoa decidir se o que estou fazendo a perturba ou não. Isso simplesmente faz com que qualquer atividade feita no domingo fique à mercê do capricho e extravagância de algum vizinho. E todos sabem que qualquer coisa insignificante pode perturbar alguém que já tem um preconceito ou rancor contra você. Na Convenção da Lei Dominical de Illinois realizada mês passado (20 e 21 de novembro), o Dr. R. O. Post, de Springfield, fez um discurso sobre o assunto da "Recreação aos Domingos", em que declarou que o resumo de toda sua fala era que:

> "Não existe qualquer tipo de recreação que seja própria ou benéfica no domingo fora do lar ou do santuário."

Simplesmente permitam que esta lei, conforme os termos inseridos neste projeto, se torne obrigatória onde o Dr. R. O. Post mora, e todo tipo de recreação feita do lado de fora do lar ou do santuário certamente o incomodaria, e os envolvidos na recreação poderiam ser presos e processados. Mas se pode argumentar que nenhum juiz ou júri iria acatar qualquer processo dessa natureza. Mas não temos garantia alguma nesse sentido, como veremos ainda adiante. Contudo, seja como for, o fato é que, se seu vizinho disser que o que você fez o perturbou, de acordo com uma lei como esta, você poderia ser preso e colocado na inconveniente e dispendiosa situação de ter de se defender perante um tribunal. Em 1887, na cidade de São Francisco, Califórnia, havia um decreto sobre outro assunto que incorporava o mesmo princípio desta cláusula deste projeto de lei dominical. A lei afirma:

> "Ninguém deverá, em qualquer lugar, condescender-se com comportamentos cuja tendência seja a de irritar pessoas que passam ou estão na via pública, ou em dependências adjacentes."

É fácil ver que o princípio dessa lei é idêntico ao da cláusula da primeira sessão deste projeto de lei, que proíbe qualquer coisa "para a perturbação de outros".

Enquanto estava em vigor esse decreto de São Francisco, um homem chamado Ferdinand Pape estava distribuindo algum material publicitário nas ruas, que não somente tinha a tendência de irritar, mas de fato "irritou" um homem de negócios do outro lado da rua. Pape foi preso. Ele apelou ao Tribunal Superior por um mandado de *habeas corpus*, alegando que a acusação feita contra ele não constituía crime, e que o decreto que tornava sua ação uma ofensa era inválido e sem efeito, porquanto era injusto e incerto.

O relatório do caso diz:

> "O mandado foi apresentado perante o juiz Sullivan e defendido por Henry Hutton em nome do infrator aprisionado. Em relação à questão, o juiz deu um parecer escrito bastante longo, no qual ele fez uma crítica severa sobre o quanto o decreto em vigor era absurdo, e liberou Pape da prisão. O juiz disse:

'Se este decreto for de fato uma lei, a ser cumprido mediante multa e prisão, então se torna um crime praticar qualquer forma de comportamento, mesmo que seja, em si mesmo, inocente e inofensivo e feito inconscientemente, se este tiver a tendência de perturbar outras pessoas. [...] Ocorrências poderiam se multiplicar indefinidamente, nas quais condutas as mais inofensivas e inocentes poderiam ser vistas como irritação a outros. Se a linguagem da lei define assim um delito criminal, ela impõe uma penalidade muito severa, capaz de privar a liberdade e espoliar a propriedade de pessoas cuja conduta carece dos elementos essenciais da criminalidade.'

'Mas, pode-se dizer que as cortes e júris não usarão a instrumentalidade dessa linguagem para impor o selo da condenação sobre cidadãos inocentes e privá-los injustamente de sua liberdade, taxando-os de criminosos. A lei não permite uma doutrina perigosa como essa e não tolera tal princípio tão subversivo à liberdade, como se a vida ou a liberdade de um indivíduo devesse depender dos caprichos e excentricidades de um juiz ou de um júri, ao exercerem seu poder de arbítrio para determinar se certa conduta se enquadra ou não dentro de um processo de ação penal. A lei deveria ser lavrada de forma tão clara e inconfundível nas disposições legais que possa ser compreendida igualmente por todos os indivíduos da comunidade, seja ele um juiz em sua cadeira, um jurado em seu banco, ou um prisioneiro diante do tribunal. Qualquer condição legal que faz com que o teste de criminalidade dependa do capricho ou excentricidade de juízes ou jurados tem o sabor da tirania. Em casos assim, a linguagem empregada é tão ampla que não permite cobrir suficientemente as condutas que se encontram claramente dentro dos direitos constitucionais dos cidadãos. Ela deixa de designar os limites que dividem condutas criminosas de não criminosas. Baseia-se em termos muito vagos e incertos para estabelecer uma regra de conduta. Em minha opinião, a parte da lei aqui envolvida é incerta e irracional.'"

Essa decisão aplica-se com força total a esta proposta de lei dominical nacional. Sob essa lei, a única coisa que uma pessoa teria que fazer para ser incriminada seria "se envolver em qualquer tipo de brincadeiras, jogos, diversões ou recreações" no domingo. Os Reformadores Nacionais são tão favoráveis a esta lei dominical quanto qualquer outra pessoa; e há muitos desses rígidos Reformadores Nacionais que ficariam muito "perturbados" por qualquer recreação ou divertimento que julgassem alheio ao espírito dominical, por mais inocente que fosse. E a decisão se determinada ação "perturbou" alguém ou não ficaria inteiramente dependente do capricho e excentricidade da pessoa que foi "perturbada", ou do juiz ou júri.

A decisão da Califórnia afirma que tal estatuto "impõe uma penalidade muito severa, capaz de privar a liberdade e espoliar a propriedade de pessoas cuja conduta carece dos elementos essenciais da criminalidade". Os tribunais da Califórnia "não permitem uma doutrina perigosa como essa e não toleram tal princípio tão subversivo à liberdade", ou que tenha "o sabor da tirania", à semelhança das palavras incorporadas neste projeto de lei dominical.

Esse assunto não se restringe a essa seção em particular. O mesmo princípio se encontra na Seção 5. Ela dispõe que, se qualquer pessoa trabalhar para quem quer que seja no domingo, e receber pagamento por isso em qualquer momento, então qualquer indivíduo em todo o mundo, com exceção das partes envolvidas, pode entrar com ação judicial e recuperar o dinheiro pago. Exemplificando: se você trabalha para mim no domingo, e eu lhe pago por isso, então a primeira pessoa que descobrir essa transação pode processá-lo e apropriar-se do dinheiro. É isso o que o projeto de lei diz. Quando salários forem pagos por trabalhos feitos no domingo "quer antecipadamente ou de outra maneira, o valor poderá ser recuperado por *qualquer pessoa* que *primeiramente* entrar com ação judicial pelo mesmo". *Qualquer pessoa* é um termo universal. Portanto, esse projeto de lei deliberadamente propõe que quando alguém, que esteja sujeito à exclusiva jurisdição dos Estados Unidos da América, recebe pagamento por um trabalho feito no domingo, exceto no caso de serviços necessários ou de misericórdia, ele pode ser processado por causa daquele dinheiro por quem quer que primeiramente fique sabendo que a pessoa recebeu o dinheiro; e a pessoa que processou poderá apropriar-se do dinheiro.

Já fiz menção suficiente acerca do texto desse projeto de lei. Agora, vamos comentar sobre o trabalho que levou os guardadores do sétimo dia do Estado do Arkansas a ser processados. Eles nada fizeram para perturbar os outros. Permitam-me mostrar alguns dos fatos, cujo registro autêntico tenho em mãos, mas que é volumoso demais para apresentar em detalhes.

Com duas exceções, todas as prisões e processos foram contra pessoas que observavam o sétimo dia da semana como o dia de descanso. E nessas duas exceções, os que foram levados a julgamento não precisaram pagar fiança – simplesmente fizeram um reconhecimento de dívida – e, embora o depoimento nesses casos tenha sido direto e positivo, o júri "concordou em discordar", e ambos os casos foram dispensados, enquanto que, em todos os casos envolvendo adventistas do sétimo dia, a menor fiança aceita foi de 110 dólares, e a maioria delas foi de 250 dólares. Algumas atingiram até 500 dólares. Não houve um único caso dispensado. Em todos eles, ninguém reclamou que o que eles haviam feito tivesse perturbado a adoração ou o descanso de alguém. Mas as acusações foram todas pelo crime de "transgressão do dia de descanso" pelo trabalho feito no domingo.

A lei do Arkansas dizia o seguinte naquela época:

> "SEÇÃO 1883. Toda pessoa que no dia de descanso, o domingo, for vista trabalhando ou obrigar seus aprendizes ou empregados a trabalhar ou fazer alguma tarefa, que não sejam os serviços domésticos costumeiros necessários, ou obras de conforto e caridade, será multada em um dólar para cada infração pela qual for condenada."

> "SEÇÃO 1884. Cada aprendiz ou empregado forçado a trabalhar no domingo será considerado um ofensor separado de seu patrão."

> "SEÇÃO 1885. A disposição desta lei não será aplicada a barcos a vapor e outras embarcações que navegam nas águas do Estado, nem aos estabelecimentos de produção que necessitam ser mantidos em operação contínua."

No caso do Sr. Swearingen, mencionado pelo Senador Crockett, a condenação foi feita com base no relato de uma testemunha que jurou que o trabalho realizado [no domingo], pelo qual foi sentenciado, ocorreu, de fato, *dezessete dias antes de a lei entrar em vigor*; consequentemente, essa imposição tornou a lei *ex post facto*.[8] A Constituição dos Estados Unidos proíbe a elaboração de leis *ex post facto*. Mas quando uma lei, que não é, em si mesma, de natureza *ex post facto*, passa a sê-lo ao ser imposta, isso significa que algo já deveria estar sendo feito para esclarecer os tribunais e júris sobre o assunto, mesmo que fosse mediante uma emenda à Constituição dos Estados Unidos, estipulando que nenhuma lei que não sendo em si mesma *ex post facto* possa assumir esse caráter ao ser imposta. Por outro lado, vários outros casos foram julgados e os homens condenados e multados *depois de a lei ter sido revogada*, embora o trabalho houvesse sido feito antes da revogação.

Em quase todos os casos, o denunciante, a testemunha de acusação, ou talvez ambos, eram pessoas que estavam trabalhando ou negociando no

---

[8] A expressão latina jurídica *ex post facto* se refere a uma lei criminal aplicada retroativamente.

mesmo dia, e às vezes até mesmo com as próprias pessoas acusadas. Todavia, a pessoa que guardava o sétimo dia foi condenada em cada instância, ao passo que a pessoa que não guardava o sétimo dia, mas trabalhou ou negociou com aquela que o observava, foi deixada completamente em paz, e seu depoimento foi aceito no tribunal para condenar a outra pessoa. Vou apresentar-lhes alguns exemplos:

Primeiro: um homem chamado Millard Courtney, a testemunha de acusação contra dois homens, Armstrong e Elmore, havia levado um homem consigo até onde esses homens estavam trabalhando, e ali fizeram um contrato para colocar telhas num prédio escolar. Todavia, a evidência usada por Courtney condenou esses dois homens por terem transgredido o descanso dominical, embora ele próprio estivesse negociando com eles.

Segundo: J. L. Shockey foi condenado pelo testemunho de um homem chamado Hammond, que foi até onde ele estava trabalhando no domingo, e ali negociou com ele um galo da raça Plymouth Rock.

Terceiro: J. L. James, que trabalhou gratuitamente debaixo da chuva num domingo para preparar um abrigo a uma pobre viúva, a qual era membra de outra igreja, foi condenado por transgredir o domingo mediante a prova apresentada por um homem que carregava madeira e a cortava naquele mesmo dia, a uma distância de 35 metros do homem que foi condenado por seu testemunho.

Quarto: certo La Fever e sua esposa foram até a casa de Allen Meeks no domingo a fim de visitá-lo. Eles encontraram Meeks plantando batatas. Meeks, porém, interrompeu o trabalho e passou o resto do dia com eles. Ainda assim, Meeks foi condenado por violar o domingo e multado sob a evidência apresentada por La Fever.

Quinto: o segundo caso do Sr. Meeks. Riley Warren foi à sua casa no domingo, para conversar com ele sobre a contratação de um professor para a escola pública. Durante a conversa amistosa e de bons vizinhos que houve entre eles, Meeks casualmente mencionou que ele tinha consertado o freio de sua carroça naquela manhã, e por isso foi condenado por transgredir o domingo com base no testemunho do próprio Riley Warren. Dessa forma, Meeks foi praticamente obrigado a ser uma testemunha contra si mesmo – claramente outra violação tanto da Constituição daquele Estado quanto da Constituição dos Estados Unidos.

Sexto: os filhos do Sr. Reeves estavam transportando madeira no domingo. Na madeireira onde eles estavam pegando a madeira, encontraram outro garoto, um adventista do sétimo dia, John A. Meeks, caçando esquilos. Eles se juntaram a ele na caça, assustando os esquilos ao redor das árvores para que Meeks pudesse atirar neles. Os esquilos caçados foram divididos entre o filho do Sr. Meeks e os do Sr. Reeves. Então, o filho do Sr. Meeks foi acusado, processado e condenado por desrespeitar o domingo, com base no testemunho do pai daqueles garotos que estavam transportando madeira e que ajudaram o garoto a matar os esquilos.

Sétimo: James M. Pool, por estar capinando em seu jardim no domingo, foi condenado por transgredir o domingo sob o testemunho de um "santificado" membro de igreja que tinha ido à casa de Pool no domingo a fim de comprar tabaco.

Permitam-me mencionar os métodos empregados na instauração dos processos. No caso do Scoles, J. A. Armstrong foi chamado perante o Grande Júri. Depois de responder várias vezes a perguntas relacionadas a respeito do trabalho feito no domingo por diferentes grupos em diferentes modalidades de trabalho e comércio, foi-lhe perguntado diretamente se conhecia algum adventista do sétimo dia que trabalhava no domingo. Ao responder afirmativamente à pergunta, segundo a natureza do trabalho mencionado, todos os adventistas do sétimo dia que ele mencionou foram indiciados, mas ninguém de qualquer outra classe ou comércio.

No segundo caso de James A. Armstrong, ele foi preso a pedido do prefeito. Quando foi solicitado a declarar o motivo da prisão de Armstrong, o prefeito disse que A. J. Vaughn tinha chamado sua atenção para o trabalho de Armstrong, e lhe havia dito: "Agora cumpra com o seu dever", apesar de Vaughn testificar sob juramento que de forma alguma havia visto Armstrong no dia mencionado. Armstrong não apenas foi preso por ordem do prefeito, mas também julgado diante do prefeito, que atuava como juiz de paz. E quando Vaughn testemunhou que não tinha visto Armstrong em nenhum momento do dia referido, isso fez com que o prefeito fosse, para todos os efeitos, tanto a testemunha de acusação quanto o juiz; e as perguntas feitas mostraram precisamente sua posição e visão pessoal sobre o caso. A pergunta que ele fez às duas primeiras testemunhas foi: "O que vocês sabem sobre o trabalho do Sr. Armstrong feito no domingo, dia 27 de junho?" Essa pergunta já continha em si a premissa do que se esperava ser provado no julgamento.

Isso é suficiente para mostrar o modo de operação desta lei dominical proposta neste projeto de lei aqui no Senado. Há muitos outros casos, todos na mesma direção; mas no decorrer de toda essa lista de casos, só vemos registros de como pessoas, que realizavam trabalhos honestos em suas propriedades pessoais, de uma maneira impossível de fazer mal a qualquer alma nesta terra, foram indiciadas, processadas e condenadas mediante a apresentação de provas da parte de homens que, caso houvesse de fato algo de errado em cada situação, eram mais culpados do que os acusados. Se a perseguição religiosa puder ser mais claramente demonstrada do que tem sido nesses casos, esperamos jamais ver tal demonstração.

Pode-se perguntar: Por que não foi feita nenhuma apelação? De fato, uma apelação foi dirigida à Suprema Corte do Estado no primeiro caso julgado. A decisão do tribunal de primeira instância foi confirmada num parecer que se encerra com estas palavras:

> "O argumento do recorrente, então, se resume a isso: Por ele acreditar conscienciosamente que lhe é permitido pela lei de Deus trabalhar no domingo, ele pode violar com impunidade o estatuto que declara ser ilegal o trabalho nesse dia. Contudo, uma crença religiosa de uma pessoa não pode ser aceita como justificativa para que ela cometa abertamente um ato considerado criminoso pela lei desta terra. Se a lei é severa demais, como ocorre às vezes, a solução se encontra nas mãos do legislativo. Não é da alçada do judiciário passar por cima da sabedoria ou dos posicionamentos da legislação. Esse é um assunto que deve ser levado aos membros do setor legislativo; e o único recurso para reverter suas determinações é apelar ao eleitorado."

Essa decisão da Suprema Corte possui o mesmo teor dos processos judiciais em outras cortes. Tal decisão outorga ao legislativo toda a oni-potência característica do parlamento britânico, e, dessa forma, acaba com toda necessidade de uma Constituição. Decisões tomadas apenas sob esse princípio são contrárias ao espírito das instituições americanas. Nenhum corpo legislativo neste país se estrutura segundo o modelo do Parlamento Britânico no que diz respeito ao poder. Neste país, os poderes de cada corpo legislativo são definidos e limitados por Constituições. É prerroga-tiva das Supremas Cortes definir o significado da Constituição e decidir se um ato do legislativo é constitucional ou não. Se a lei for constitucional, então ela deve permanecer, não importam quais forem os resultados. E a Suprema Corte é o órgão pelo qual a constitucionalidade ou a inconstitucionalidade de qualquer lei deve ser revelada. Mas se, como essa decisão declara, o legislativo for onipotente, e o que ele fizer deve prevalecer como lei, então não há nenhuma razão para a existência de uma Constituição. "Um dos motivos por que o judiciário é estabelecido, é o da proteção aos direitos constitucionais dos cidadãos".

Enquanto existir uma Constituição acima do legislativo, que define e limita seus poderes e protege e assegura os direitos dos cidadãos, será a prerrogativa da Suprema Corte se pronunciar sobre os decretos do legislativo. A Suprema Corte do Arkansas, portanto, claramente abdicou de uma das funções essenciais pelas quais ela foi criada, ou, na pior das hipóteses, subverteu a própria Constituição do Arkansas. Seja qual for o caso, ela outorgou ao legislativo a onipotência do Parlamento Britânico, uma atitude contrária a cada princípio das instituições americanas. Infelizmente, o Estado do Arkansas não é uma exceção nesse caso, pois este é o procedimento habitual das Supremas Cortes ao sustentarem leis dominicais. Essas leis não podem ser sustentadas sobre nenhum princípio americano. A cada caso, surge a necessidade de recorrer – e isso tem ocorrido com quase nenhuma exceção – ou aos princípios de relação entre igreja e estado do governo britânico ou ao princípio britânico da onipotência do poder legislativo. Contudo, os princípios americanos estão muito acima e são muito mais avançados do que os princípios do governo britânico, pois admitem limitações constitucionais ao poder legislativo, e não aprovam nenhum tipo de união entre igreja e estado. Consequentemente, leis dominicais nunca foram e nunca poderão ser sancionadas pelos princípios americanos.

Que essa censura à Suprema Corte do Arkansas não é injusta, temos as mais claras provas. Os três juízes, que na época compunham a Suprema Corte, eram todos membros da Associação de Advogados do Estado do Arkansas. Em menos de três meses após essa decisão ser proferida, essa Associação de Advogados *unanimemente* produziu um relatório para o Estado sobre "Lei e Reforma Legal", do qual tenho em minhas mãos uma cópia oficial. Nesse documento, sob o título "Leis Dominicais", encontra-se o seguinte:

> "Nosso estatuto, tal como está no Mansfield's Digest, provê que 'pessoas membros de qualquer sociedade religiosa que observa como dia de descanso qualquer outro dia da semana que não seja o sábado

cristão, ou seja, o domingo, não estarão sujeitos às penalidades desta lei [a lei dominical], de modo que eles possam observar um dia em sete, consoante sua fé e a prática de sua igreja ou sociedade.'– *Mans. Dig.*, seção 1886.

"Esta lei já estava em vigor desde o momento da organização do governo do Estado; mas infelizmente foi revogada pelo decreto de 3 de março de 1885. – *Decretos 1885*, p. 37.

"Embora os judeus se apeguem, evidentemente, à letra do mandamento original que ordena a observância do sétimo dia da semana, há também no Estado um pequeno, porém respeitável corpo de cristãos, que firmemente creem que o sétimo dia é o verdadeiro dia a ser guardado e santificado. No caso de Scoles *versus* Estado, nossa Suprema Corte foi obrigada a confirmar um julgamento contra um membro de uma dessas igrejas, por adorar a Deus de acordo com os ditames de sua própria consciência, apoiado, segundo sua convicção, em bons argumentos teológicos. É muito claro que o sistema atualmente em vigor, com forte sabor, como tem sido mostrado, de perseguição religiosa, é uma relíquia da Idade Média, quando se pensava que um homem podia se tornar ortodoxo mediante um decreto do parlamento. Mesmo em Massachusetts, onde as leis que obrigam o repouso semanal sempre foram aplicadas com vigor incomum, têm-se feito exceções em favor de pessoas que observam religiosamente qualquer outro dia em lugar do domingo. Cremos que a lei, como constava no Mansfield's Digest, deveria ser restaurada, com uma emenda que impedisse a venda de bebidas alcoólicas no domingo, já que esse provavelmente foi o objetivo da revogação da seção acima."

Agora a Constituição de Arkansas afirma:

"Todos os homens têm o direito natural e inalienável de adorar o Deus Todo-Poderoso segundo os ditames de sua própria consciência. Nenhum homem pode legitimamente ser obrigado a comparecer, construir ou apoiar qualquer lugar de adoração ou manter qualquer ministério contra o seu consentimento. Nenhuma autoridade humana pode, seja qual for o caso ou maneira, controlar ou interferir no direito de consciência; e nenhuma preferência jamais será dada por lei a qualquer instituição religiosa, denominação ou maneira de adoração, acima de outras."

Esse relatório da Associação de Advogados diz:

"No caso de Scoles *versus* Estado, nossa Suprema Corte foi obrigada a ratificar um julgamento contra um membro de uma dessas igrejas por adorar a Deus segundo os ditames de sua própria consciência."

Os membros da Suprema Corte, também membros da Associação de Advogados, por meio desse relatório confessam que eles confirmaram um julgamento contra um homem por fazer o que a Constituição explicitamente declara ser um direito natural e inalienável de todo cidadão.

Senador Blair – Então, se eles tinham uma lei como essa, eles foram injustamente condenados por ela, assim como homens inocentes às vezes são enforcados. Mas você não pode argumentar que não deva haver nenhuma lei contra o assassinato pelo fato de homens inocentes serem às vezes executados. Trata-se de uma falha na administração da lei. Você não pode raciocinar, com base nisso, que não deveria haver nenhuma lei.

Sr. Jones – Se tivessem ocorridos aprisionamentos de outras pessoas por trabalhar no domingo, em número semelhante ao aprisionamento de observadores do sétimo dia, e a lei tivesse sido aplicada igualmente a todos, então a iniquidade não teria sido tão evidente; ou se aqueles que não eram guardadores do sétimo dia, e que foram presos, também tivessem sido condenados, o caso ainda assim não teria sido tão claramente um exemplo de perseguição. Mas quando em todos os registros dos dois anos de existência da lei nessa forma, não houve o aprisionamento de um único dono de bar, nem de qualquer pessoa não guardadora do sétimo dia, com as duas exceções mencionadas, então não poderia haver uma demonstração mais clara de que a lei foi usada apenas como um meio para tornar público o ódio religioso contra uma classe de cidadãos inocentes de qualquer crime, salvo o de professar uma religião diferente da maioria.

A verdade é essa – e toda a história desses processos legais comprova esse fato – que, do começo ao fim, esses processos foram apenas a manifestação de um espírito intolerante e perseguidor que sempre se fará sentir quando alguma classe de religiosos puder controlar o poder civil. As informações sobre as quais se fundamentaram as acusações foram dadas traiçoeiramente no próprio espírito da Inquisição. As acusações, por sua própria natureza, não passaram de imitações baratas de um processo legal genuíno e uma calúnia contra a justiça. O princípio envolvido foi mais digno da Idade das Trevas do que de qualquer outra nação civilizada ou dos tempos modernos; e a decisão da Suprema Corte, que confirmou as condenações, é contrária aos mais fundamentais princípios da lei constitucional ou dos pactos constitucionais.

E se o Congresso der sua sanção à legislação religiosa a ponto de aprovar essa lei dominical nacional, agora sob consideração, e seus princípios forem impostos em todos os Estados, a história que aconteceu em Arkansas de 1885 a 1886 se repetiria em toda a nação. Posso provar isso, pelo menos com base na intenção daqueles que estão agindo ativamente em favor desta lei. O Rev. D. Mc Allister é um dos principais homens da Associação de Reforma Nacional. Essa associação e a União de Temperança Cristã da Mulher estiveram reunidas numa convenção em Lakeside, Ohio, em julho de 1887. Falando sobre o assunto da lei dominical nacional, o Dr. Mc Allister disse:

> "Não importa a filiação religiosa de uma pessoa – judeu, observador do sétimo dia de alguma outra denominação, ou os que não acreditam no sábado cristão [o domingo] –, que a lei seja aplicada a todos e que não haja nenhuma profanação pública do primeiro dia da semana, o sábado cristão, o dia de descanso da nação. Eles podem considerar sagrado qualquer outro dia de descanso e observá-lo; mas o dia que é um em sete para a nação em geral, que ele não seja publicamente profanado por ninguém, seja um funcionário público, ou um cidadão comum, elevado ou humilde, rico ou pobre."

Então alguém do auditório declarou o seguinte:

> "Há uma lei no Estado de Arkansas que obriga todos a observar o domingo, e o resultado é que muitas pessoas boas têm não apenas sido presas, mas perdido suas propriedades e mesmo a vida."

A isso o Sr. Mc Allister respondeu friamente:

> "É melhor que alguns sofram do que toda a nação perca seu dia de descanso, o sábado cristão."

Esse argumento é idêntico àquele pelo qual os fariseus no tempo de Cristo se justificaram por assassinarem a Jesus. Eles disseram:

> "Nem considerais que vos convém que morra um só homem pelo povo e que não venha a perecer toda a nação" (João 11:50).

E então diz o registro sagrado:

> "Desde aquele dia, resolveram matá-lo" (João 11:53).

É por causa desses princípios, descaradamente confessados pelos próprios homens que estão na liderança dos esforços para garantir a promulgação desta lei dominical em âmbito nacional; e por causa do efeito prático dessa lei em Arkansas e no Tennessee, e até certo ponto na Pensilvânia; sim, é por causa dessas coisas que dizemos aos senhores cavalheiros do

Senado dos Estados Unidos: Vocês não podem se permitir conceder a esses homens o poder que procuram na promulgação da presente proposta de lei dominical. O discurso do Senador Crockett, que li, foi proferido na Assembleia Legislativa do Arkansas, quando ele estava pedindo a restauração da cláusula de isenção – quando ele, de fato, estava pedindo por tolerância.

Senador Blair – Você sabe se esse jovem tinha dinheiro ou amigos?

Sr. Jones – Dr. Lewis, você pode confirmar se ele tinha dinheiro?

Dr. Lewis – O caso nunca foi relatado às outras igrejas pedindo auxílio. Não sei quanto ao patrimônio pessoal dele.

Senador Blair – Você não acha que se tratava de um homem excêntrico que permitiu que seu filho morresse e sua esposa passasse fome?

Dr. Lewis – O caso não foi relatado às nossas igrejas do norte.

Sr. Jones – Sobre essa questão de excentricidade, vou dizer-lhe que John Bunyan passou 12 anos na prisão de Bedford, quando podia simplesmente sair se dissesse a palavra "sim", concordando, assim, que não mais iria pregar.

Senador Blair – Era algo muito diferente exigir que ele dissesse que se absteria da realização de um grande dever em sua igreja. Ele pregava o evangelho e não poderia concordar em não fazê-lo. Mas aqui está o exemplo de um homem que prefere deixar sua esposa e filho morrerem a não pagar 25 ou 50 dólares para sair da prisão, e aí ter a oportunidade de trabalhar por eles.

Sr. Jones – Que tipo de lei é essa que obriga a consciência de um homem ter de escolher entre sua esposa e filho e o pagamento de uma multa de 25 ou 50 dólares? Mas suponhamos que ele houvesse pago a multa, saído e voltado ao trabalho novamente. Por quanto tempo ele poderia ter continuado a trabalhar? Quando o próximo domingo chegasse, seria seu dever para com sua esposa e filho trabalhar para o sustento deles. Deveria ele trabalhar no domingo e ser processado novamente, e de novo ter que pagar uma multa de 25 ou 50 dólares? Por quanto tempo ele ficaria assim? Não há muitos fazendeiros pobres que podem separar, tirando todas as suas despesas, 25 ou 50 dólares toda semana e reservá-los para pagar multas regulares para que assim tenham o privilégio de seguir com suas ocupações honestas em suas próprias terras. Mas alguém pode dizer: "Que ele não trabalhe aos domingos, e assim não terá necessidade de pagar uma multa". Bem, se ele consentir em não trabalhar no domingo, estará concordando que um sexto de seu tempo seja roubado, no qual ele honestamente precisa trabalhar para sustentar sua esposa e filho. Roubar--lhe um sexto de seu tempo é justamente o que o Estado faz em tal caso. De duas coisas, uma: ou se trata de declarada confiscação, ou confiscação disfarçada em punição a ser-lhe aplicada, mediante multa, por se recusar a permitir que o Estado lhe roube um sexto de seu tempo. Ou ele aceita a imposição que o defrauda, ou então desiste de seu direito de adorar a Deus de acordo com os ditames de sua própria consciência e da Palavra de Deus, renunciando, assim, completamente a seus direitos de consciência. Conclui-se, portanto, que as leis dominicais constituem uma invasão direta nos direitos da consciência.

Mais do que isso, as leis dominicais são uma invasão direta não só do direito constitucional, mas do direito inalienável de adquirir posses e proteger a propriedade. Adoto aqui a linguagem da Suprema Corte da Califórnia, linguagem esta que jamais poderá ser contestada com sucesso:

> "O direito de proteger e possuir propriedades não é mais claramente protegido pela Constituição do que o direito de adquirir. O direito de adquirir deve incluir o direito de usar os meios adequados para atingir esse fim. O direito em si seria impotente sem o poder de usar as necessárias circunstâncias. Se o legislativo tiver a autoridade de definir um tempo de descanso compulsório, [...] estará extrapolando seus limites a ponto de chegar a proibir todas as ocupações em todos os tempos [...]. O fato de a Constituição declarar um direito inalienável, e ao mesmo tempo deixar o legislativo com poder ilimitado sobre ele, seria uma contradição de termos, uma provisão ineficiente, e provaria que a Constituição não passaria de mera barreira de palha, insuficiente para proteger o cidadão, ilusória e visionária, cujo resultado prático seria o de destruir, e não de conservar os direitos que pretendem proteger. O legislativo, portanto, não pode proibir o uso apropriado dos meios de aquisição de propriedade, exceto se a paz e a segurança do Estado o exigirem."
> (*Ex parte Newman, 9 Cal.*, p. 517, 510).

Mas será que a paz e a segurança do Estado exigem tal coisa em qualquer dos casos aqui discutidos? Será que há alguma ameaça para a paz e a segurança do Estado se algum homem dedicar-se às suas ocupações de modo honesto, legítimo e louvável? Pelo contrário, é contra a paz e a segurança do Estado *proibir* tal coisa. Como já provei de forma conclusiva antes, se o Estado fizer isso, ele estará colocando ocupações honestas na categoria de crimes; estará tratando cidadãos trabalhadores e pacíficos como criminosos, e premiando a ociosidade e a irresponsabilidade. Fazer essas coisas certamente significa estar contra a paz e a segurança de qualquer Estado. Fica demonstrado, portanto, que as leis dominicais são uma invasão do direito inalienável de adquirir e possuir propriedade; e se aquele homem do Arkansas tivesse obedecido a essa lei, ele teria renunciado a seu direito inalienável.

Mais uma vez repito: Como o direito de adquirir propriedade inclui o direito de usar os meios adequados para alcançar esse fim, e como tal lei priva um homem do uso desses meios durante um sexto de seu tempo, conclui-se, então, que se trata de uma violação do dispositivo da 14ª Emenda da Constituição dos Estados Unidos, que declara que "nenhum Estado privará qualquer cidadão da vida, liberdade ou propriedade sem o devido processo legal."

Tudo isso, senhor, está envolvido na questão de saber se aquele homem deverá reconhecer a lei a tal ponto de até pagar a multa. Se ele o fizer, segue-se, inevitavelmente, que toda sua propriedade será usada para pagamento das multas. Outra opção é ele escolher renunciar a seus direitos de consciência e permitir que um sexto do seu tempo seja confiscado, e, assim procedendo, perca certa proporção de sua propriedade, pois, vale ressaltar, para um cidadão trabalhador, tempo é propriedade. Mas se o Estado, mediante uma lei dominical ou qualquer outro meio, puder confiscar uma parte, ele poderá confiscar tudo. Quando, então, é que se deve começar uma resistência à opressão? Eu digo: na primeira situação em que isso ocorrer. Sob o pretexto da palavra *"empréstimo"*, Carlos I propôs-se a confiscar uma pequena soma de dinheiro de cada um dos proprietários da Inglaterra. A quota de John Hampden era de aproximadamente sete dólares e setenta e cinco centavos. Ele era um homem rico, mas se recusou a pagá-la; e sua recusa em pagar essa soma insignificante levou toda a Inglaterra a mergulhar em confusão e guerra civil: o rei perdeu sua cabeça, o próprio Hampden perdeu a vida, e tudo isso em vez de pagar a quantia insignificante de sete dólares e setenta e cinco centavos – menos de um terço da multa imposta sobre esse homem por se recusar a permitir o confisco de um sexto de sua propriedade. Mas a recusa de John Hampden de pagar aquela quantia propiciou o estabelecimento do princípio constitucional de que cada homem tem o direito inalienável de adquirir, possuir e proteger sua propriedade – um direito que, nesse caso, havia sido invadido. Foi exatamente com base nesse princípio que aquele homem estava inteiramente justificado em se recusar a pagar a multa imposta por aquela lei dominical. Mas como também estava em jogo o direito inalienável de consciência, ele estava duplamente justificado em se recusar a obedecer àquela lei ou reconhecer o princípio envolvido.

Senador Blair – Suponha que ele fosse um homem culpado. Suponha que ele não acreditasse que era crime roubar, e que conscienciosamente pensasse que poderia apropriar-se de bens alheios de determinada maneira. Suponha que, nessa situação, ele fosse condenado pela lei, e tivesse que pagar como pena uma multa de 25 dólares. Poderia ele, então, colocar seu direito de consciência acima das necessidades da esposa e filho, e contra o consenso da comunidade e do Estado em que vive, e ao qual ele deve todos os direitos de desfrutar de sua propriedade e tudo o mais que possui? Nesse caso, esse homem preferiu ver todo esse mal acontecer a pagar 25 ou 50 dólares, e ele diz ter feito isso por causa da sua consciência.

Sr. Jones – Os casos não são em nada paralelos, a menos que o senhor, de fato, considere a execução de uma ocupação honesta de um homem um ato tão criminoso quanto o fato de ele roubar. Contudo, demonstrei que é exatamente isso que as leis dominicais fazem. Mas sempre iremos protestar contra o fato de colocar o trabalho honesto no mesmo nível da prática do roubo.

O homem que rouba apropria-se da propriedade alheia sem qualquer compensação e sem levar em conta a questão do direito. Se o Estado, então, tomar desse homem parte de sua propriedade ou tempo sem compensação, ele não pode reclamar que se trata de injustiça. Mas no caso do homem que trabalha no domingo, ele não invade em grau algum o direito de ninguém; ele não se apropria, de forma alguma, da propriedade de ninguém ou de seu tempo, e muito menos sem a devida compensação. Se o Estado punir o ladrão, isso é justo, mas se o Estado punir o cidadão trabalhador, temos aqui uma ação preeminentemente injusta.

Mas além de tudo isso, você já ouviu falar de alguém cuja consciência lhe ensinou que era certo roubar, e que tinha a convicção conscienciosa de que era certo roubar?

Senador Blair – Já ouvi falar de muitos casos envolvendo pessoas que confessaram ter violado a lei conscienciosamente; todavia não deixaram de ser punidas.

Sr. Jones – Precisamente! E os cristãos foram condenados à morte no império romano por violarem a lei.

Senador Blair – Mas isso não responde à minha pergunta, e não é necessário que ela seja respondida.

Sr. Jones – É correto que uma pessoa viole qualquer lei que invada seus direitos constitucionais. E é seu direito que ela viole conscienciosamente qualquer lei que invada seu direito de consciência. Deus declara inocente o homem que viola uma lei que interfere na relação entre o homem e Deus – uma lei que invade o direito de consciência. Considere os seguintes casos judiciais: "O Rei *versus* Sadraque, Mesaque e Abde-nego," e "O Estado *versus* Daniel", registrados em Daniel capítulos 3 e 6.

O final do caso de Arkansas, conforme relatado pelo Senador Crockett, foi que o pobre homem perdeu tanto a esposa quanto o filho.

Senador Blair – Que fim teve ele?

Sr. Jones – Ele foi embora do Estado.

Senador Blair – Penso que ele deveria ir mesmo.

Sr. Jones – Eu também, senhor. Mas o que mais pode ser dito sobre liberdade neste país, quando coisas assim são permitidas? O mesmo se deu com outros seis homens que seguiram os ditames de sua própria consciência como cidadãos bons, honestos e virtuosos, que viviam no Arkansas.

Senador Blair – Há uma boa dose de tapeação sobre essa questão dos ditames da própria consciência. Se a um homem for permitido colocar sua consciência contra as obrigações de fazer o que é certo e de cumprir o seu dever para com a sociedade, uma consciência ignorante e desinformada como essa teria permissão para destruir toda a sociedade. Nem sempre é uma questão de consciência.

Sr. Jones – Não estou de acordo com isso. Os direitos de consciência são eternamente sagrados. Contudo, não existe consciência em relação ao Estado. Consciência tem que ver com Deus e com o que Ele ordenou; e é na Bíblia que se aprende o que Deus ordena. Quero fazer minhas as palavras do juiz adjunto da Suprema Corte dos Estados Unidos, o meritíssimo

Stanley Matthews, em seu discurso no caso de Cincinnati School Board *versus* Minor *et al.* Ele diz:

> "Podemos chamar as excentricidades da consciência, de caprichos, se quisermos; mas em questões de interesse religioso não temos o direito de ignorá-las ou desprezá-las, não importa quão triviais e absurdas julgamos que sejam. Na época dos mártires da igreja primitiva, os lictores[9] e soldados romanos desprezavam e ridicularizavam o fanatismo que se recusava a conformar-se com uma insignificante pitada de incenso sobre o altar erguido para César, que reivindicava para si o título e a honra de 'divino', ou para uma estátua pagã. A história é cheia de registros de sacrifícios sangrentos diante dos quais homens santos, que preferiram mais temer a Deus do que aos homens, não se recuaram devido ao que parecia, aos olhos dos cruéis perseguidores, nada mais do que observâncias e concessões insignificantes. [...] A consciência, meritíssimos colegas, é algo delicado e deve ser tratada com muita consideração. E na mesma proporção em que um homem valoriza sua própria integridade moral – que estabelece a luz da consciência dentro de si como a glória de Deus resplandecendo nele para lhe revelar a verdade – deve ele respeitar a consciência dos outros e aplicar o princípio primordial da vida e prática cristãs: 'Tudo quanto quereis que os homens vos façam, assim fazei-o vós também a eles.'"

Senador Blair – Deveriam aqueles que conscienciosamente acreditam no amor livre ter a liberdade de praticá-lo?

Sr. Jones – Isso não faz sentido. Onde está a convicção conscienciosa no amor livre? Não sou capaz de encontrá-la. Não resta espaço para ela.

Senador Blair – Mas deve haver leis que proíbam a imoralidade?

Sr. Jones – Peço que o senhor defina o que é imoralidade, e então responderei a sua pergunta.

Senador Blair – Se você não sabe o que a expressão significa, não me darei ao trabalho de esclarecê-la para você.

Sr. Jones – Eu sei o que ela significa.

Senador Blair – Então por que me pede para defini-la? Por que não responde à pergunta?

Sr. Jones – Porque há significados alterados da palavra que a fazem referir-se a um crime. A imoralidade é, em si mesma, uma violação da

---

[9] Os lictores eram funcionários públicos encarregados de estar adiante de um magistrado com feixes de varas denominados fasces, abrindo espaço para que esse pudesse passar.

lei de Deus e o governo civil não tem nenhum direito de punir qualquer homem pela violação da lei de Deus propriamente dita. Digo, portanto, que aquilo que, estritamente falando, é imoralidade, a lei civil não pode proibir e não tem nenhum direito de tentar fazê-lo. A moralidade é definida da seguinte forma:

> "*Moralidade*: A relação de conformidade ou não conformidade para com o verdadeiro padrão moral ou regra. [...] A conformidade de um ato com a lei divina."

Como moralidade é a conformidade de um ato com a lei divina, fica claro que moralidade pertence unicamente a Deus, e, no que diz respeito a isso, o governo civil não tem nada que ver.

Novamente: A lei moral é definida como:

> "A vontade de Deus, como supremo governador moral, referente ao caráter e conduta de todos os seres responsáveis; a regra de ação como obrigatória na consciência ou natureza moral. A lei moral encontra-se resumidamente no decálogo escrito pelo dedo de Deus em duas tábuas de pedra, e entregue a Moisés no Monte Sinai."

Essas definições, evidentemente, estão de acordo com as Escrituras. As Escrituras mostram que os Dez Mandamentos são a lei de Deus; que eles expressam a vontade de Deus; que pertencem à consciência e têm jurisdição sobre os pensamentos e intenções do coração; e que a obediência a esses mandamentos é o dever que todo homem tem para com Deus. Dizem as Escrituras:

> "Teme a Deus e guarda os Seus mandamentos; porque isto é o dever de todo homem" (Eclesiastes 12:13).

E o Salvador diz:

> "Ouvistes que foi dito aos antigos: Não matarás; e: Quem matar estará sujeito a julgamento. Eu, porém, vos digo que todo aquele que sem motivo se irar contra seu irmão estará sujeito a julgamento; e quem proferir um insulto a seu irmão estará sujeito a julgamento do tribunal; e quem lhe chamar: Tolo, estará sujeito ao inferno de fogo" (Mateus 5:21. 22).

O apóstolo João, referindo-se ao mesmo assunto, diz:

> "Todo aquele que odeia a seu irmão é assassino" (1 João 3:15).

Novamente, o Salvador diz:

> "Ouvistes que foi dito: Não adulterarás. Eu, porém, vos digo: qualquer que olhar para uma mulher com intenção impura, no coração, já adulterou com ela" (Mateus 5:27, 28).

Outras ilustrações poderiam ser acrescentadas, mas essas são suficientes para mostrar que a obediência à lei moral é moralidade; que ela envolve pensamentos e intenções do coração, e, portanto, dada a sua natureza interior, está fora do alcance ou do controle do poder civil. Odiar é assassinato, cobiçar é idolatria, pensar numa mulher de forma impura é adultério. Tudo isso é igualmente imoral e constitui violações da lei moral, mas nenhum governo civil procura punir essas atitudes do coração. Um homem pode odiar seu vizinho por toda a vida; ele pode cobiçar tudo que existe na Terra; pode ter pensamentos impuros com relação a cada mulher que olhar. Ele pode fazer isso a vida inteira, mas enquanto essas coisas estiverem confinadas a seus pensamentos, o poder civil não pode tocá-lo. Seria difícil conceber uma pessoa mais imoral do que um homem desses; no entanto, o Estado não pode puni-lo, tampouco tenta puni-lo. Isso demonstra mais uma vez que o Estado não tem nada que ver com aquilo que diz respeito à moralidade ou imoralidade.

Mas vamos levar esse assunto mais adiante. Caso o ódio desse homem, quer por palavra ou gesto, o leve a procurar causar dano a seu próximo, o Estado mais do que depressa irá puni-lo; se a cobiça desse homem o levar a pôr as mãos no que não lhe pertence, numa tentativa de roubo, o Estado não pensará duas vezes para puni-lo; se seus pensamentos impuros o levarem a tentar qualquer tipo de violência contra uma mulher, o Estado irá puni-lo. No entanto, tenha-se em mente que, mesmo nesses casos, o Estado não pune tal homem por sua imoralidade, mas, sim, por sua *incivilidade*. A imoralidade reside no coração e pode ser mensurada apenas por Deus. O Estado não pune ninguém pelo fato de a pessoa ser imoral. Caso o fizesse, teria de punir como assassino o homem que odeia a outro; e punir como idólatra o homem que cobiça; e como adúltero aquele que tem pensamentos impuros. Digo isso porque, de acordo com o verdadeiro padrão de moralidade, o ódio é assassinato, a cobiça é idolatria e a impureza de pensamento é adultério. Portanto, fica claro que, de fato, o Estado não pune ninguém por ser imoral, mas, sim, por ser incivil. Ele não pode punir a imoralidade, mas, sim, a incivilidade.

Essa distinção é estampada no próprio termo usado para designar o Estado ou o governo nacional: ele é chamado de governo *civil*. Nenhuma pessoa, senão um teocrata, pensa em chamá-lo de governo moral. O governo de Deus é o único governo moral. Deus é o único governador moral. A lei de Deus é a única lei moral. Somente a Deus pertence o direito de punir a imoralidade, que é a transgressão da lei moral. Os governos humanos são governos civis, não morais. As leis dos Estados e nações representam leis civis e não morais. Às autoridades do governo civil pertence o direito de punir a incivilidade, ou seja, a transgressão da lei civil. Não lhes cabe punir a imoralidade. Isso pertence somente ao Autor da lei moral e do senso moral. Ele é o único Juiz das relações morais dos homens. Tudo isso precisa ficar claro na mente de todo aquele que dispensar ao assunto a justa atenção. Essas reflexões se confirmam pela definição da palavra *civil*, que é a seguinte:

"*Civil*: Pertencente a uma cidade ou Estado, ou a um cidadão em suas relações com seus concidadãos, ou com o Estado."

Assim, fica claro que devemos a César (que representa o governo civil) somente o que é civil, e que devemos a Deus o que é moral ou religioso, e não a nenhum homem. A nenhuma assembleia ou organização humana pertence qualquer direito de punir a imoralidade. Quem quer que tentar fazer isso, estará usurpando a prerrogativa de Deus. A Inquisição é a lógica inevitável de qualquer reivindicação por parte de assembleias humanas de poder punir a imoralidade, pois, a fim de punir a imoralidade, é preciso de alguma forma sondar os pensamentos e intenções do coração. O papado, afirmando ter o direito de obrigar os homens a ser morais e de puni-los por causa de imoralidade, tinha a cruel coragem de levar este maléfico princípio à sua consequência lógica. Com o intento de colocar esse princípio em prática, verificou-se ser essencial ter acesso aos segredos do coração dos homens; verificou-se também que o diligente emprego de tortura iria extrair dos homens, em muitos casos, uma confissão completa dos desígnios mais secretos do coração. Por conseguinte, a Inquisição foi estabelecida como o meio mais bem adaptado para garantir o fim desejado. Enquanto os homens concordarem com o conceito de que está dentro da alçada do governo civil impor a moralidade, não haverá muito benefício em condenar a Inquisição, pois aquele tribunal é o único resultado lógico de tal conceito.

Assim, creio ter discorrido mais do que o suficiente sobre a relação da moralidade para com o Estado no verdadeiro e genuíno sentido da palavra *moralidade*. Mas como disse no início, há um sentido adaptado para a palavra *moralidade*, no qual o termo é usado apenas para se referir à relação dos homens para com seus semelhantes. Com referência a essa visão de moralidade, algumas vezes é dito que o poder civil deve impor a moralidade *em bases civis*. Mas a moralidade em bases civis não passa de civilidade e a imposição da moralidade em bases civis nada mais é do que a imposição da civilidade. Sem a Inquisição, é impossível que o governo civil possa estender sua jurisdição além das coisas civis, ou impor alguma coisa além da civilidade.

Mas pode-se perguntar: Por acaso o poder civil não impõe a observância dos mandamentos de Deus, que ordenam: "não furtarás", "não matarás", "não adulterarás" e "não dirás falso testemunho"? Por ventura ele não pune a violação desses mandamentos de Deus? Eu respondo: O poder civil não impõe a observância desses mandamentos, tampouco pune a violação deles *como mandamentos de Deus*. O Estado, de fato, proíbe o assassinato, o roubo e o perjúrio, e alguns Estados proíbem o adultério, mas não como mandamentos de Deus. Desde os mais remotos tempos, governos que nada conheciam a respeito de Deus têm proibido essas coisas. Se cabe ao Estado a imposição dessas coisas como mandamentos de Deus, ele terá de ter conhecimento dos pensamentos e das intenções do coração, o que extrapola a jurisdição de qualquer poder terreno.

Por meio de todas essas evidências, fica estabelecido o claro princípio fundamentado no bom senso de que ao governo civil pertence apenas aquilo que o próprio termo sugere – o que é civil. O objetivo do governo civil é civil, e não moral. Sua função é manter a ordem na sociedade e fazer com que todos os seus habitantes descansem em segurança, protegendo-os contra toda incivilidade. A moralidade pertence a Deus; a civilidade, ao Estado. A moralidade deve ser rendida a Deus; a civilidade, ao Estado. A imoralidade precisa ser punida – e *pode* ser punida – apenas por Deus. A incivilidade precisa ser punida pelo Estado, e ele não é *capaz* de punir nada além disso.

Com esse ponto, e concluindo minhas observações, somos levados à enunciação do princípio eterno com o qual iniciei, e sobre o qual nos firmamos agora e sobre o qual esperamos ficar firmes para sempre: o princípio incorporado na Constituição dos Estados Unidos que proíbe testes religiosos, e que proíbe o Congresso de elaborar qualquer lei concernente ao estabelecimento de uma religião ou à proibição de seu livre exercício – princípio este estabelecido por Jesus Cristo: *Dai, portanto,* A CÉSAR *o que é de* CÉSAR, *e* A DEUS O QUE É DE DEUS.

OBSERVAÇÕES DO REVERENDO DR. A. H. LEWIS

Dr. Lewis – Sr. presidente. A objeção feita pelo prof. Jones contra a cláusula de isenção em favor dos observadores do sábado parece-me totalmente imaginária. No que concerne a qualquer batista do sétimo dia, sei que seria impossível que qualquer pessoa abrisse um bar no domingo sob a alegação de que ele é um batista do sétimo dia. Um batista do sétimo dia dono de taberna é algo desconhecido na história desse povo de mais de dois séculos. Tal homem não poderia receber reconhecimento em nosso meio, muito menos fazer parte do rol de membros em qualquer comunidade ou igreja batista do sétimo dia. Nem creio, pelo que sei dos adventistas do sétimo dia, que tal caso poderia ocorrer com esse povo. A possibilidade de tal alegação enganosa pode ser facilmente evitada com uma disposição legal que exija, em caso de dúvida, que a pessoa que alegou ter observado o sétimo dia apresente um certificado oficial que comprove sua relação para com uma igreja guardadora do sétimo dia. Tal dispositivo acabaria com toda a dificuldade.

RÉPLICA

Sr. Jones – Sr. presidente. Certamente é verdade que, até o momento, um batista do sétimo dia ou adventista do sétimo dia proprietário de uma taberna é algo desconhecido. Mas se leis dominicais forem impostas com uma cláusula de isenção em favor daqueles que guardam o sétimo dia, algo do tipo não continuaria desconhecido por muito tempo. É verdade, também, que tal homem não poderia oficialmente entrar no rol de membros de qualquer igreja batista do sétimo dia ou igreja adventista do sétimo dia. Mas o que impediria que donos de bares organizassem para si mesmos suas próprias igrejas batistas do sétimo dia ou adventistas do sétimo dia? O que impediria a eles ou a qualquer classe de homens de negócios de organizar suas próprias igrejas, eleger seus próprios oficiais, e mesmo ordenar seus próprios pastores e chamá-los de batistas do sétimo dia ou adventistas do sétimo dia? Não há nada que possa impedir essa situação, a menos, evidentemente, que o próprio Estado assuma o comando de todas as igrejas do sétimo dia e suas doutrinas, e cuide de sua organização e da admissão de membros. Foi exatamente isso o que ocorreu em nossa nação no passado. Nos dias da teocracia na Nova Inglaterra, o Estado de Massachusetts aprovou uma lei que assim estabelecia:

> "Daqui por diante, nenhum homem será admitido na liberdade deste corpo político, exceto os que forem membros de alguma das igrejas dentro dos limites do mesmo."

Havia um número considerável de pessoas que não eram membros de nenhuma das igrejas, e que não podiam ser, por não serem cristãos. Esses homens então tomaram a iniciativa de formar suas próprias igrejas. Em seguida, o próximo passo que as autoridades tomaram foi a promulgação da seguinte lei:

> "Visto que se tem constatado, mediante triste experiência, que muitos problemas e perturbações têm ocorrido tanto na igreja quanto no Estado civil por parte de oficiais e membros de algumas igrejas que têm se reunido [...] de forma indevida, [...] ordena-se que [...] essa Corte não dê, doravante, qualquer aprovação a nenhuma organização de homens que, de agora em diante, se una em qualquer suposta comunidade eclesiástica, sem primeiro informar aos magistrados e aos anciãos da maior parte das igrejas nessa jurisdição a respeito de sua intenção e obter deles a devida aprovação" (*Emancipação de Massachusetts*, p. 28-30).

Com essa evidência, cavalheiros, os senhores verão que a promulgação desta lei dominical, embora seja um primeiro passo, certamente não será de modo algum o último, e que outros se seguirão em muitas direções. O oferecimento desta casa de uma cláusula de isenção é uma confissão voluntária de que, sem tal cláusula, a obrigatoriedade da lei seria injusta; mas se esta cláusula de isenção for incorporada e mantida, o Estado estará inevitavelmente indo além de sua própria jurisdição; e se a cláusula de isenção for incorporada na lei, sem ser imposta de forma rígida, a lei como um todo será imediatamente invalidada. A melhor atitude que o Congresso poderia tomar é agir com sabedoria em vista do que pode vir pela frente e se recusar terminantemente a ter qualquer coisa que ver com o assunto. Todo o assunto está fora da jurisdição do poder civil, e o poder público não tem nada melhor a fazer do que deixar o assunto longe de suas considerações.

Mas o Dr. Lewis propõe a solução de precaver-se contra todas as dificuldades mediante a "exigência" de que cada observador do sétimo dia "traga um certificado oficial de sua relação com uma igreja guardadora do sábado". Isso não poria fim à dificuldade, pois, como demonstrei, isso inevitavelmente colocaria sobre os ombros do governo a responsabilidade de decidir a natureza de uma genuína igreja observadora do sábado. Mas esse não é o pior cenário nessa questão. Se o Dr. Lewis oficialmente representa a denominação batista do sétimo dia, e propõe assim voluntariamente colocar a si mesmo e todo o seu povo sob uma "liberdade condicional", eu não tenho nenhuma objeção em especial; isso é totalmente da conta deles. No entanto, parece-me uma proposta extremamente generosa, se não um procedimento muito incomum. Digo que *eles* podem agir assim, se quiserem. Mas, quanto a mim e aos adventistas do sétimo dia em geral, não apenas como cristãos, mas como cidadãos americanos, repudiamos com desdém e rejeitamos com extremo desprezo cada princípio desse tipo de sugestão. Como cidadãos dos Estados Unidos e como cristãos, nos recusamos completamente e para sempre a nos colocar sob essa "liberdade condicional" implícita nessa proposta.

NOTA – Que meu argumento a princípio não era tão infundado ou tão "completamente imaginário", como o Dr. Lewis sugeriu, ficou claramente demonstrado, até mesmo para ele, após essa audiência. A coluna "Pérola dos Dias", do *New York Mail and Express*, órgão oficial da União Dominical Americana, datada de março de 1889, publicou a seguinte declaração do periódico *Times* [sem data] de Plainfield [Nova Jersey]:

> "Via de regra, Plainfield, em Nova Jersey, é uma cidade muito calma no domingo. Lojas de bebidas e charutos estão fechadas por força de uma lei municipal. Se um habitante quiser um charuto, terá de recebê-lo de graça de um dos muitos farmacêuticos que se recusam a vender no domingo, ou deverá ir aos dois fornecedores autorizados a abrir seus estabelecimentos no domingo por guardarem o sábado como o dia de descanso. Algum tempo atrás, um

homem de fé católica que tinha o propósito de estabelecer negócios desse ramo no domingo, começou a frequentar regularmente a igreja batista do sétimo dia. Por fim, pediu para ser aceito como membro da igreja. Um membro do conselho oficial foi informado de que o homem que solicitara inclusão como membro tinha em vista apenas finalidades comerciais. Ele foi cuidadosamente examinado pelos oficiais da igreja e finalmente admitiu que queria abrir uma loja de charutos e fazer negócios no domingo. O homem foi ao lugar errado para conseguir ajuda para seus propósitos mercenários. Ele não foi recebido como membro."

Parece uma "ironia do destino" que essa situação tenha ocorrido justamente entre o próprio povo que o Dr. Lewis representa, e na mesma cidade onde o próprio Dr. Lewis reside.

Observações Feitas Pela Sra. J. C. Bateham

Sra. Bateham – Gostaria de dizer que a questão apresentada foi cuidadosamente analisada pela União de Temperança Cristã da Mulher, e vimos o perigo. Todavia, nosso desejo foi o de ser extremamente justas. Consultei nove indivíduos de diferentes classes de observadores do sétimo dia para saber se desejavam essa cláusula de isenção, e se ficariam satisfeitos com o que era proposto. Eles se mostraram dispostos a aprovar essa disposição conforme sugerida, e pensamos que isso poderia ser feito, talvez, de modo a lhes permitir a isenção que desejam, já que expressaram a necessidade dela.

Senador Blair – Deixe-me fazer-lhe algumas perguntas, Sra. Bateham, para ver se a União de Temperança Cristã da Mulher entendeu exatamente a implicação daquilo que essa União propõe a fazer nesta legislação. Temos aqui um projeto de lei que se relaciona com o comércio interestadual, o trabalho dos correios, o exército e a marinha. Esse projeto lida com esse assunto que anteriormente estava sob a completa jurisdição de cada Estado da União, que tratava desses assuntos de forma independente. O que se propõe agora é que esse assunto seja transferido para a jurisdição exclusiva do Governo central. As ocupações que mencionei são todas de natureza pública, e, para que estejam em funcionamento, a nação se prevalece da oportunidade de invadir as leis dominicais de cada Estado a ponto de torná-las de nenhum efeito. A nação como um todo, portanto, não se vê restringida por nenhuma lei sabática que garanta o descanso dominical dos operários desses diferentes setores públicos. Por exemplo: se o departamento de correios tem a permissão de continuar seus negócios no domingo, pode avançar sem qualquer limite; e, no presente, está avançando cada vez mais. O mesmo pode ser dito com relação ao comércio interestadual, ao exército e à marinha.

Dito isso, observe a situação que se configura: a senhora vai até nossos amigos batistas do sétimo dia ou adventistas do sétimo dia, por exemplo, e propõe introduzir um princípio que lhes permite trabalhar no departamento de correio aos domingos, de modo tão completo quanto quiserem. Em outras palavras, a senhora sugere isentá-los da aplicação da lei que proíbe o trabalho nos correios aos domingos. Suponhamos que um batista do sétimo dia seja um agente de correio. Suponhamos que todos os correios do país sejam operados no domingo por batistas do sétimo dia. Assim, o departamento de correio estará em funcionamento devido a essa isenção, já que podem trabalhar conscienciosamente nesse dia. Se a senhora limitar a lei dizendo que ela não se aplicará aos adventistas e outros, a lei já tem estipulações sobre isso.

Sra. Bateham – Se o senhor se lembrar da cláusula, verá que não propusemos que lhes seja permitido fazer esse trabalho, mas que fiquem livres da penalidade. Eles não estão autorizados a trabalhar, mas devem ficar livres da penalidade. Portanto, seria impossível que eles viessem a cuidar de assuntos relacionados com os correios, por exemplo, ou com qualquer outro trabalho público no domingo, a menos que pudessem provar que o trabalho realizado não tivesse sido feito para a perturbação de outros.

Senador Blair – Isso não seria equivalente a dizer que, se a penalidade não será aplicada a eles, não existirá nenhuma lei contra eles? Pois uma lei sem a penalidade é apenas uma opinião. Não é uma lei.

Sra. Bateham – A lei poderia ter um dispositivo que não lhes permitisse abrir um correio, por exemplo, ou qualquer outro estabelecimento comercial; e se houvesse a imposição de uma multa, eles seriam obrigados a fechar esses lugares no domingo. A isenção foi, naturalmente, apenas expressa como uma sugestão da nossa parte. Se isso puder ser feito, gostaríamos de ter tal dispositivo na lei. Sabemos que o povo deseja essa lei, e se a lei puder, no seu discernimento, ser redigida com essa isenção, então desejamos que seja incluída; caso contrário, não queremos a isenção. Creio que todos estamos felizes pelo fato de os cavalheiros aqui admitirem que não querem essa cláusula de isenção, pois isso nos libera de nossa posição anterior.

Senador Blair – A intenção desta lei dominical não é que seja de caráter geral. Estas pessoas todas vivem nos diferentes Estados e poderão trabalhar em suas ocupações particulares sob emendas estaduais semelhantes a essa, caso a lei estadual achar por bem estabelecer as devidas emendas. O Prof. Jones disse que isso não funcionou bem em Arkansas, e creio que não funcionou mesmo, segundo sua descrição. Mas neste projeto estamos lidando com ocupações públicas ou *aparentemente* públicas, ou seja, com o comércio interestadual, por exemplo, operado pelas grandes corporações que são públicas no que respeita suas relações com a classe operária, porque elas estão exercendo uma enorme função pública ao transportarem mercadorias que pertencem a todos em todo o país.

A lei proposta pretende proibir o descaso ou não cumprimento de todas as leis estaduais de descanso dominical, a ponto de impedir o comércio interestadual, em violação à lei, no dia de descanso. No que diz respeito às ocupações privadas regulamentadas pelos Estados, se eles permitirem que os batistas do sétimo dia trabalhem no domingo em tarefas particulares na fazenda, nas oficinas e nas fábricas, este projeto de lei não se propõe a interferir com essas medidas locais.

Sra. Bateham – Eu não tenho o texto comigo, mas minha impressão é que existe uma cláusula no projeto de lei estipulando que a jurisdição do Congresso será exercida sobre os Territórios nessa questão. Há alguma coisa desse tipo neste projeto de lei, e essa cláusula de isenção proposta foi designada para alcançar tais casos, em vez de ser aplicada à ação governamental em geral.

Senador Blair – A senhora acha que a isenção deveria ser feita em relação aos Territórios?

Sra. Bateham – Sim, esse era o ponto que tínhamos em mente nessa ação geral. Não tenho em mãos o texto do projeto de lei, mas existe alguma coisa nesse teor nele que tínhamos em mente. Eu gostaria de dizer também que uma das solicitações da União Nacional da Mulher Cristã foi que a palavra *promover* fosse trocada por *proteger*, no título do projeto de lei, para eliminar dele toda a aparência daquilo a que todos os americanos se opõem: a união entre igreja e estado. Essa alteração foi proposta e aceita pela União Americana do Sábado[10] [*American Sabbath Union*], a organização que esteve recentemente reunida em sessão nesta cidade.

Senador Blair – A senhora não acha que a palavra *proteger* implica poder de ordenar e obrigar? Um exército protege.

Sra. Bateham – Todas as leis nos protegem, não é mesmo?

Senador Blair – A senhora faria disso uma lei?

Sra. Bateham – Sugiro que o projeto de lei se torne lei, e que seja uma lei que proteja o dia de descanso civil, e não que promova a adoração religiosa, mas que proteja o dia como um dia de descanso e de adoração religiosa.

Senador Blair – Parece-me que a palavra *proteger* é uma palavra mais forte e que sugere mais interferência do que *promover*. Contudo, todas essas sugestões são importantes.

RÉPLICA

Sr. Jones – Sr. presidente, a Sra. Bateham em seu primeiro discurso nesta manhã, ao nos esclarecer quem são as pessoas a favor desta lei dominical, disse que ela acreditava que "a grande maioria do povo irá aprovar esta lei." Ela mencionou que os únicos grupos contrários à lei eram "as impressoras dos jornais diários", "os administradores ferroviários", as "companhias de barcos a vapor", os "donos de tabernas e seus trabalhadores", "uma classe de estrangeiros que prefere um domingo no estilo da Europa continental"[11] e "a mui pequena seita dos batistas do sétimo dia."

O meritíssimo G. P. Lord, em suas considerações, disse que "não mais do que três milhões de nossa população trabalham no domingo, e a maio-

---

[10] Na cultura religiosa americana, o termo *Sabbath* [sábado], mencionado no 4º mandamento, é usado pelos protestantes para se referir ao domingo, o 1º dia da semana, sendo considerado o "sábado cristão". Por causa desse uso indevido da palavra "sábado" para o domingo, e pelo fato de os nomes de origem pagã para os dias da semana em inglês (Sunday, Monday, etc.) não apresentarem uma sequência numérica dos dias da semana, como ocorre na língua portuguesa (segunda-feira, terça-feira, etc.), muitos norte-americanos erroneamente acreditam que o domingo, de fato, corresponde ao "sétimo dia".

[11] Ver nota 5.

ria deles contra sua própria vontade." Ele disse que "a estimativa é que mais de 57 milhões de americanos se abstêm do trabalho no domingo".

Tomando essas declarações como verdadeiras, parece que a maioria esmagadora dos americanos é favorável não somente à lei dominical, mas eles de fato guardam o domingo como dia de descanso.

Agora, cavalheiros, não é um tanto curioso, e uma doutrina totalmente nova num governo do povo, que a *maioria* precise ser *protegida*? De quem eles devem ser protegidos? Deles mesmos, com toda certeza, pois, devido ao grande número que representam, eles se encontram tão amplamente na maioria que seria impossível que fossem oprimidos por qualquer pessoa. Mas num governo do povo, quando a maioria está oprimindo a si mesma, como a lei pode evitar tal opressão se as leis devem ser feitas pela maioria, ou seja, pelos próprios que estão exercendo a opressão? Se para eles meu argumento soa ilógico, eu citarei, em sua inteireza, para o benefício deles, as palavras da Suprema Corte de Ohio, dizendo que a "proteção" garantida nas provisões da Constituição

> "significam proteção para a minoria. A maioria pode proteger a si mesma. Constituições são feitas com o objetivo de proteger o fraco do forte, os poucos dos muitos."

Temos aqui palavras sensatas, bem como uma lei constitucional sensata. Agora, vamos supor que, de acordo com esse sólido princípio constitucional e amparados por suas próprias declarações, nós, os guardadores do sétimo dia – aqueles a quem designam como definitivamente pertencentes a uma minoria tão insignificante que nem merece reconhecimento – vamos supor que fôssemos ao Congresso pedindo proteção (e como ficou demonstrado em toda minha defesa, se há alguém que precisa de proteção nesse assunto, certamente somos nós); suponhamos, então, que fôssemos ao Congresso pedindo proteção do mesmo modo como *eles* a pedem para si; suponhamos que pedíssemos ao Congresso que promulgasse uma lei obrigando todas as pessoas a não trabalhar no sábado do sétimo dia, a fim de proteger nosso direito de guardar o sábado. O que eles pensariam disso? O que eles mesmos diriam a respeito? A única coisa que poderiam pensar sobre isso é que é uma pretensão injustificada de autoridade querer impor a outros nossas ideias de observâncias religiosas. Isso é tudo o que ocorreria e tal atitude seria absolutamente imperdoável. E não corro nenhum risco em afirmar que essas próprias pessoas, e todos os demais, diriam que essa postura é injustificável e imperdoável. Mas se as coisas seriam assim no caso de uma minoria que realmente precisa ser protegida, o que *não* se deve pensar dessas pessoas que se dizem fazer parte da esmagadora maioria em sua missão aqui, pedindo ao Congresso que obrigue todas as pessoas a descansar no domingo para proteção *delas próprias!*

Senhores, o que eles querem não é proteção, mas *poder.*

Observações Feitas por John B. Wood

Sr. Wood – Sr. presidente. Como membro da Sociedade dos Amigos, um *Quaker*, eu gostaria de dizer umas poucas palavras.

Tenho grande simpatia pelas pessoas que falam sobre o direito de consciência. Não creio que o governo dos Estados Unidos tenha qualquer direito sobre a consciência. Nós, como Amigos, negamos o direito deles sobre nossas consciências, enquanto agirmos de acordo com a revelada vontade de Deus, a Bíblia.

Considerando a questão do domingo, nada vejo na Bíblia – não há nenhuma palavra nela – que declare que devemos trabalhar no primeiro dia da semana. Portanto, não creio que os batistas do sétimo dia tenham qualquer direito de se opor à legislação proposta. A única coisa que eles perdem é um dia de trabalho na semana.

A Sociedade dos Amigos sempre negou o direito de lutar. O resultado foi que nos Estados Unidos eles nunca perderam a vida por causa de lutas, nem mesmo durante a última guerra. O Senhor Jesus Cristo sempre os têm protegido.

Eu acho que todo batista do sétimo dia que honestamente acredite que o sábado é o dia de descanso pode confiar que o Senhor lhe proporcionará em cinco dias de trabalho o mesmo que o faria se trabalhasse seis, e ele teria na verdade dois dias de descanso em lugar de um, o que seria muito melhor.

Réplica

Sr. Jones – Em resposta à questão levantada pelo Sr. Wood, de que uma convicção conscienciosa não exige que devamos trabalhar no primeiro dia da semana, um dos seis dias de trabalho, eu gostaria de dizer o seguinte:

Primeiro, negamos o direito dele, tanto quanto o direito do Estado, de assumir a prerrogativa de decidir por nós o que a Bíblia ensina, ou o que nossas convicções de consciência devem fazer ou não.

Segundo, negamos o direito do Estado de nos fazer perder, no todo ou em parte, um dia de trabalho de cada semana. E gostaria de usar com ele o mesmo argumento que usei com os outros: por que não temos o direito de solicitar uma lei que os obrigue a descansar no dia que nós guardamos, se eles julgam ter o direito de nos obrigar a descansar no dia que eles guardam? "A única coisa que eles perdem é um dia a mais de trabalho na semana". Então eles "teriam na verdade dois dias de descanso em lugar de um, o que seria muito melhor". Por que isso não é algo tão bom para eles quanto é para nós? Ou é esse um benefício reservado exclusivamente para aqueles que *não* guardam o domingo? O modo em que isso invade o direito constitucional de adquirir e possuir propriedades, e nos priva de nossas propriedades sem o devido processo legal, já foi apresentado.

Terceiro, sobre esse ponto eu gostaria de ler a opinião do Juiz Cooley.

Sr. Wood – Eu citei a Bíblia.

Sr. Jones – A Bíblia diz: "seis dias trabalharás". Embora eu não insista que essa seja uma ordem absoluta de que devemos, de fato, trabalhar os seis dias completos, eu certamente insisto que se trata de uma permissão concedida por Deus; portanto, temos aqui um direito dado por Deus: o de trabalhar seis dias em cada semana. E sempre negaremos o direito do Estado de nos proibir de fazer aquilo que, para dizer o mínimo, é um expresso direito que Deus nos concedeu.

Como estamos lidando com um assunto ligado à legislação e, consequentemente, à lei, a opinião do Juiz Cooley tem peso sobre o assunto. Ele diz:

> "O judeu (e o cristão que guarda o sétimo dia também) que é obrigado a respeitar o primeiro dia da semana, quando sua consciência lhe exige que observe o sétimo dia também, pode argumentar plau-

sivelmente que a lei está discriminando sua religião; e ao obrigá-lo a guardar um segundo dia de descanso toda semana, *injustamente*, ainda que dissimuladamente, *o está punindo por sua crença.*"

Eu já mostrei que...

Senador Blair – Ele diz "plausivelmente". A palavra *plausivelmente* indica que há alguns pontos de vista contrários em algum lugar.

Sr. Jones – Quanto ao sentido exato em que ele usou a palavra *plausivelmente*, naturalmente não poderemos dizer nada sem consultar o próprio Sr. Cooley. Mas não vejo porque deveríamos nos apegar ao sentido mais estrito da palavra, especialmente porque mais adiante ele mostra que o argumento dos guardadores do sétimo dia é irrefutável. Estou inclinado a pensar que o juiz usa a palavra no sentido de: sinceramente, com boas razões, possivelmente.

Em seguida ele diz:

> "As leis que proíbem empregos comuns no domingo merecem nossa defesa, seja com base nos mesmos princípios que justificam a punição de blasfêmias, ou como meio de estabelecer normas sanitárias fundamentadas na demonstração da experiência de que um dia de descanso em sete é necessário para a recuperação das energias de um corpo e mente exaustos."

Essa é uma das pretensas bases da petição desta lei dominical nacional; mas a resposta da Suprema Corte da Califórnia foi:

> "Esse argumento baseia-se no pressuposto de que a humanidade tem o hábito de trabalhar muito, dessa forma acarretando mal sobre a sociedade; e que, sem a obrigatoriedade, as pessoas não vão buscar o repouso necessário que sua natureza exausta precisa. Isso nos parece uma teoria nova, e é contestada pela história do passado e pelas observações do presente. Temos ouvido em todas as épocas discursos e censuras contra o vício da indolência, mas ainda não nos chegou ao conhecimento que houve em algum momento da história algum protesto geral contra o trabalho mórbido, insalubre, intemperante ou malévolo. Pelo contrário, sabemos que a humanidade busca o cessar da labuta, das influências naturais da autopreservação, da mesma forma e com a mesma certeza com que procura o descanso, o alívio da dor ou o alimento para saciar a fome. [...] Se não pudermos confiar em agentes livres para regularem seu próprio trabalho, o tempo e a quantidade que se dedicarão a ele, torna-se difícil confiar neles quanto aos próprios compromissos que fazem. Se a legislação pudesse prescrever os dias de descanso para eles, parecer-nos-ia

que esse mesmo poder poderia prescrever as horas para trabalhar, descansar e comer" (*Ex parte Newman, 9 Cal.*, p. 509, 518).

E a resposta do Juiz Cooley foi esta:

"A Suprema Corte da Pensilvânia preferiu defender essa legislação com base na segunda razão e não na primeira; mas parece-nos que, se o benefício do individuo é o único a ser considerado, o argumento contra a lei por parte daqueles que já observam o sétimo dia da semana é irrefutável."

Senador Blair – Mas ele também sustenta que, para o bem público e geral, as leis dominicais são constitucionais.

Sr. Jones – Sim, e ele crê também que devem ser mantidas com o uso da autoridade, pois a próxima sentença diz:

"Mas levando em conta a primeira razão, fica claro que essas leis são sustentáveis mediante autoridade, não obstante a inconveniência que possam ocasionar àqueles cujas convicções religiosas não reconheceram o caráter sagrado do primeiro dia da semana."

É algo incomum as pessoas tentarem responder a um argumento irrefutável. Mas o juiz Cooley emprega aqui o único meio pelo qual um argumento irrefutável pode ser respondido. E o argumento é este: "mediante autoridade". Foi esse o caminho que o papado seguiu desde os dias do papa Zózimo, 418 d. C, que, quando indagado sobre as razões de alguns de seus atos arrogantes, exclamou: "Assim aprouve à Sé Apostólica!" Essa era uma resposta suficiente para todas as indagações, e mesmo para argumentos irrefutáveis.

A Inglaterra impôs às colônias americanas a Lei do Selo. Nossos pais apresentaram argumentos inquestionáveis contra ela, mas a Lei do Selo, como as leis dominicais constitucionais do Juiz Cooley, tornou-se sustentável "mediante autoridade", e isso foi o suficiente. A Inglaterra se propôs a impô-la, mas nossos pais revolucionários se recusaram a consentir com esse tipo de método para responder a argumentos irrefutáveis. Igualmente nos recusamos a concordar com a resposta do Sr. Cooley, ao se pronunciar a respeito de algo que ele mesmo disse tratar-se de um argumento irrefutável.

Senador Blair – Não se pode concluir que não haja qualquer argumento irrefutável a favor de leis dominicais. Eu concordo com ele.

Sr. Jones – Existe o argumento da autoridade.

Senador Blair – Existe autoridade para as leis dominicais. Isso não quer dizer que, por elas serem apoiadas por autoridade, não exista nenhum argumento suficiente sobre o qual elas possam se sustentar.

Sr. Jones – Que autoridade existe para as leis dominicais?

Senador Blair – Isso é o que você tem discutido; mas parece que você está dando a entender que, pelo fato de as leis dominicais serem sustentadas "por autoridade", o único argumento em favor de uma lei maléfica é que haja autoridade para sustentá-la. Mas pode haver autoridade legítima para a lei dominical.

Sr. Jones – Isso é o que está sendo apresentado aqui: que não pode haver autoridade legítima para elas quando punem injustamente uma pessoa por sua crença. Não pode haver qualquer tipo de autoridade legítima para punir injustamente alguém por qualquer ação, muito menos para puni-lo injustamente por sua crença.

Senador Blair – Ele [o Juiz Cooley] não diz que a lei é ruim.

Sr. Jones – Mas ela *é* ruim. Existe por acaso uma boa resposta para um argumento irrefutável?

Agora, proponho que procuremos que tipo de autoridade existe para as leis dominicais.

Anteriormente me referi à decisão da Suprema Corte de Arkansas, e mostrei, com base numa declaração da comissão sobre "lei e reforma legal", da qual os membros da Suprema Corte faziam parte, que a decisão era inconstitucional. Mostrei que o princípio sobre o qual a decisão deles se sustentava era o da onipotência do parlamento. Nesse caso, contudo, o Estado do Arkansas apenas seguiu as decisões de outros Estados. Em 1858, a Constituição da Califórnia declarou, na Seção 4: "O livre exercício e o benefício de se ter uma confissão religiosa e prestar culto, sem discriminação ou preferência, serão eternamente garantidos neste Estado". Houve um estatuto aprovado pelo legislativo obrigando a observância do "sábado cristão" no primeiro dia da semana. Um judeu da cidade de Sacramento manteve sua loja aberta no domingo. Ele foi preso, condenado e sentenciado à prisão. Ele entrou com um pedido de *habeas corpus* alegando a "ilegalidade de sua prisão em razão da inconstitucionalidade da lei". A maioria no tribunal apoiou o pedido judicial mediante decisões separadamente escritas, cuja solidez, tanto pelos princípios constitucionais quanto pelos princípios abstratos da própria justiça, jamais poderão ser contrariadas com sucesso. O Sr. Stephen J. Field, agora Ministro-Associado da Suprema Corte dos Estados Unidos, era, na época, membro do Tribunal da Califórnia. Ele apresentou uma opinião discordante, defendendo a mesma posição da Suprema Corte do Arkansas quanto à onipotência do legislativo, e solenemente sustentando que o termo "sábado cristão" na lei não representava uma discriminação ou preferência em favor de qualquer profissão religiosa ou culto específico. Ele declarou que "moralistas e estadistas", "homens da ciência e ilustres filósofos," têm defendido que a regra de "um dia de descanso em sete" tem "sua origem numa lei da própria raça humana". Mas ele deixou de dizer qual cientista, filósofo, moralista ou estadista alguma vez declarou em que lei se originou a regra de *dois* dias de descanso em sete para a pessoa que escolhesse descansar em algum outro dia que não seja o domingo!

Em sua declaração escrita, o Sr. Field disse que havia constatado que, em 25 Estados da União, as leis dominicais haviam sido consideradas constitucionais. Que isso é um fato, não há dúvida alguma. Sobre esse assunto, como também no da blasfêmia, conforme já pude observar, os Estados mais novos, tanto em decisão judicial quanto legislativa, têm seguido o exemplo dos Estados mais antigos, e estes têm seguido as decisões dos Estados mais antigos ainda; e esses mais antigos seguiram o exemplo e os precedentes das colônias. E cada colônia tinha leis dominicais porque todas tinham religiões estabelecidas ou oficiais. Essas colônias seguiam os precedentes do sistema inglês, que é um sistema totalmente fundamentado na união entre igreja e estado. Esse sistema de unidade entre igreja e estado da Inglaterra separou-se do domínio papal quando Henrique VIII renunciou sua fidelidade ao papa e se declarou o cabeça da igreja da Inglaterra em lugar do papa. O sistema britânico, naquele tempo, refletia o sistema papal. O papado foi estabelecido pelo estratagema, lisonja e política recíprocas de Constantino e dos bispos ambiciosos de sua época, quando a primeira lei dominical foi promulgada. Essa, em uma palavra, é a genealogia das leis dominicais dos Estados Unidos. Elas fazem parte de uma religião estabelecida, oficial, cuja gênese se encontra numa união entre igreja e estado. E neste país elas foram quase mantidas praticamente em toda parte, quer segundo o princípio britânico da onipotência do parlamento, quer pelos princípios da união entre igreja e estado das colônias, do governo britânico e do papado.

A lei da Pensilvânia, sustentada pela decisão, a que me referi, do Juiz Cooley, foi, em essência, uma lei colonial, que era um exemplo do sistema em que ninguém que "não confessasse e reconhecesse o Deus Todo-Poderoso como o Criador, mantenedor e governante do mundo" poderia ser um cidadão.

A Suprema Corte de Nova Iorque mantém as leis dominicais por declarar, sem rodeios, que o cristianismo é a religião estabelecida daquele Estado. Isso se fundamenta na decisão do Ministro Chefe Kent, a que já me referi, que citou uma lei colonial que declarava que "a profanação do dia do Senhor 'era um grande escândalo para a fé cristã'". Essa decisão do Juiz Kent fez do cristianismo a religião oficial do Estado de Nova Iorque, ao citar os precedentes das instituições papais da Europa moderna e de nações pagãs da antiguidade.

Isso, mais uma vez, prova que as leis dominicais pertencem a religiões oficiais, estabelecidas sob o princípio da união entre igreja e estado, cujas bases se encontram na instituição papal e em instituições pagãs.

Em cada livro de estatutos nos Estados Unidos, com quase nenhuma exceção, encontram-se leis dominicais sob a rubrica "crimes contra a religião". Tal provém naturalmente da legislação colonial. Cada colônia se considerava a guardiã especial de Deus e de alguma forma particular de religião.

Mas, de acordo com a palavra de Cristo, o poder civil nada tem que ver com Deus ou a religião, tampouco com ofensas contra Deus ou contra a religião. A religião é definida pelo dicionário Webster como "o reconhecimento de Deus como objeto de adoração, amor e obediência". Outra definição, dada pela própria Associação da Reforma Nacional é: "a relação pessoal de fé e obediência do homem para com Deus". O governo civil não tem autoridade alguma para interferir com a relação pessoal de fé e obediência do homem para com Deus. Se uma pessoa não professar fé alguma, nem qualquer pretensão de prestar obediência a Deus, não cabe ao governo civil interferir nessa questão, contanto que essa pessoa se comporte de forma civil. O governo civil não tem também razão alguma para interferir no caso de ofensas contra Deus. Cabe ao próprio Deus cuidar disso. O homem é responsável somente a Deus por suas ofensas cometidas contra Ele. Não é dever do governo civil estabelecer uma religião, e então fazer com que ofensas contra ela se tornem crimes. Não é seu dever também colocar-se no lugar de Deus e arrogar a si o direito de declarar que uma ofensa contra *a ideia governamental de Deus* é uma ofensa contra Deus. Como pode um governo civil saber se um ato ofende a Deus ou não? O fato é que, a partir do momento em que as leis dominicais são investigadas à luz da verdade, da justiça e da legalidade, constata-se que elas são inseparáveis de uma religião estabelecida [oficial] – inseparáveis do princípio de uma união entre igreja e estado.

Isso é mais bem demonstrado se olharmos de relance o sistema britânico, conforme estabelecido por Blackstone em seu capítulo sobre "Ofensas contra Deus e a Religião". Ali, a "profanação do dia do Senhor" é classificada no mesmo nível de coisas como "apostasia", "heresia", "insulto às ordenanças da igreja", "não conformidade com o culto da igreja", "bruxaria", "conjuração", "encantamento", "feitiçaria", "impostura religiosa, como estar fingindo ter uma incumbência extraordinária do céu", adultério como ofensa eclesiástica sujeito a julgamento pelo tribunal espiritual, entre outras ofensas que confundem aspectos civis com religiosos como a punição contra a embriaguez, também classificada como ofensa contra Deus e a religião. É a esse tipo de grupo que as leis dominicais pertencem. A penalidade por apostasia era, a princípio, a morte na fogueira, uma prática que caiu em desuso depois de certo tempo. Então a penalidade foi que "pela primeira ofensa, o ofensor seria considerado incapaz de assumir qualquer cargo público ou posição de confiança".

E foi contra esse absurdo legal que a Constituição dos Estados Unidos desferiu um golpe mortal na cláusula que declara que "nenhum teste religioso será jamais exigido como requisito para qualquer cargo público ou posição de confiança sob este governo". E graças à primeira emenda da Constituição dos Estados Unidos, esse governo definitivamente se separou de todo o sistema de ofensas contra Deus e religião por tanto tempo mantido pelo governo britânico, pelas colônias e até mesmo ainda por muitos Estados americanos – um sistema característico de todos os governos que unem igreja e estado, ou seja, governos com uma religião estabelecida. Assim, a primeira emenda declara: "o Congresso não fará nenhuma lei no que diz respeito ao estabelecimento de uma religião ou que proíba seu livre exercício". Temos aqui um sólido princípio americano, o qual está de acordo com a palavra de Jesus Cristo. E o esforço a ser empreendido, em toda esta nação, deveria ser o de elevar as constituições, a legislação e a jurisprudência dos Estados até o nível da Constituição nacional. Mas, ao invés de prosseguir nesse ideal e levar toda esta nação, unida como um só corpo, adiante na marcha da liberdade, da iluminação e do progresso, essas pessoas estão propondo rebaixar nosso sistema nacional de Constituição e leis ao nível adotado pelos Estados desta federação, que é o mesmo nível das colônias, que é o mesmo nível do sistema britânico, que é o mesmo nível do papado, que representa o sistema seguido pelo paganismo sob a capa do cristianismo.

Hoje o Dr. Elliott citou Edgar, Athelstan e Alfred para embasar as leis dominicais. Não há dúvida! E com a mesma ênfase ele pode citar esses e muitos outros nomes da Idade Escura para apoiar a entrega de dízimos para o clero, a supremacia dos monges em assuntos civis, a "santa unção" dos reis pelo papa, e para toda e qualquer coisa que pertença ao sistema papal. Ele pode fazer recuar seus precedentes de leis dominicais a um tempo bem anterior a esse: ele pode voltar ao tempo de Teodósio e Constantino. Ele pode descobrir – não somente ele, mas cada um de nós – que, como *Pontifex Maximus* do antigo sistema pagão, Constantino "tinha o pleno poder para determinar dias santos"; ele pode verificar que, devido a esse poder, Constantino estabeleceu a primeira lei dominical de todos os tempos em honra ao "venerável dia do sol", do qual ele era um devoto dedicado; e também que, como "bispo externo" do novo sistema pagão – o papal –, cargo que assumiu em virtude da sua conversão política ao cristianismo político de seu tempo, ele procurou ganhar vantagens para si concedendo aos bispos, por meio daquela lei dominical, "o cobiçado uso [que almejavam] do poder do Estado para o avançamento dos seus objetivos", a fim de obrigar os homens a aceitar os decretos e se submeter aos ditames da igreja. O Dr. Elliott e todos os outros vão descobrir que essa é a verdade literal da origem das leis dominicais.

Tudo isso é baseado numa abundância de testemunhos de inquestionável autoridade. O tão eminente teólogo Dean Stanley afirma claramente que a adoção do antigo nome pagão *"dies solis"*, ou domingo [em inglês *Sunday* – "dia do sol"], para a festa cristã semanal

> "se deve à união do sentimento pagão e cristão, com o qual Constantino fez com que o primeiro dia da semana se tornasse recomendável aos seus súditos, tanto pagãos quanto cristãos, como o 'venerável dia do sol'. [...] Esse foi seu modo de harmonizar as religiões discordantes do império sob uma instituição comum."

Esse mesmo modo de harmonizar o paganismo com o cristianismo foi posteriormente ilustrado por suas moedas imperiais, que de um lado tinha o nome de Cristo e do outro, a figura do deus sol, com a inscrição "o invencível sol". Essa confusão de ideias e práticas pagãs e cristãs foi o que deu origem ao papado, à união entre igreja e estado e à confusão entre assuntos civis e religiosos. De todas essas coisas, com exceção do governo dos Estados Unidos, as nações até o momento ainda não se libertaram. Esta, senhor, é a autoridade e a única autoridade para as leis dominicais. O domingo não tem nenhum fundamento sequer como instituição civil. Na verdade, nunca teve. A única base que ele tem ou já teve como instituição *religiosa* foi nessa confusão entre paganismo e cristianismo que formou o papado, com tudo o que ele é ou já foi.

Como autoridade para o domingo e como base para esta legislação, o Dr. Johnson apelou aqui hoje para o quarto mandamento. A "União Americana do Sábado", agora em sessão nesta cidade, que está trabalhando para a aprovação desta lei, também declara que o quarto mandamento é a base de todo o seu movimento. É apropriado, portanto, indagar: Que autoridade existe para as leis dominicais no quarto mandamento? Como essa é uma questão de legislação e de direito, vou examinar o assunto do ponto de vista legal. Suponhamos, então, que este projeto de lei se torne de fato um decreto, e os tribunais, ao interpretá-la, admitam judicialmente que o quarto mandamento é a base para esta lei.

Os tribunais são guiados por certas regras bem estabelecidas para a interpretação das leis. De acordo com essas regras, qual seria o resultado de uma interpretação judicial desta lei com base no quarto mandamento?

1. "O que um tribunal deve fazer é declarar a lei conforme foi redigida."

O quarto mandamento foi redigido desta forma:

> "Lembra-te do dia de sábado, para o santificar. Seis dias trabalharás e farás toda a tua obra. Mas o sétimo dia é o sábado do Senhor, teu Deus; não farás nenhum trabalho, nem tu, nem o teu filho, nem a tua filha, nem o teu servo, nem a tua serva, nem o teu animal, nem o forasteiro das tuas portas para dentro; porque, em seis dias, fez o Senhor os céus e a terra, o mar e tudo o que neles há e, ao sétimo dia, descansou; por isso, o Senhor abençoou o dia de sábado e o santificou."

Esse mandamento, conforme está escrito, diz: "o sétimo dia é o sábado". Consequentemente, já de início, o primeiro dia da semana, conforme declarado no projeto de lei, e segundo as alegações dessas pessoas, estaria completamente excluído. Mas se alguém perguntar inocentemente: o sétimo dia de quê? O próprio mandamento tem uma resposta pronta e explícita. É o dia em que o Senhor descansou da obra da criação. Nessa obra Ele empregou seis dias e no sétimo descansou; e foi somente esse fato, como o Dr. Johnson disse, que estabeleceu a divisão semanal de tempo. Como esses sete dias formaram a primeira semana de tempo, o sétimo desses sete dias foi o sétimo dia da semana, e este é o sétimo dia fixado no mandamento. Isso é confirmado por toda a Bíblia. O próprio Novo Testamento declara que o sábado termina antes do primeiro dia da semana começar. Marcos 16:1, 2 diz:

> "Passado o sábado, Maria Madalena, Maria, mãe de Tiago, e Salomé, compraram aromas para irem embalsamá-Lo. E, muito cedo, no primeiro dia da semana, ao despontar do sol, foram ao túmulo."

Essas pessoas citadas nas Escrituras foram ao sepulcro bem cedo na manhã do primeiro dia da semana, e o sábado já tinha passado. O projeto de uma lei dominical nacional que está aqui em discussão se propõe a assegurar a observância religiosa do sábado no primeiro dia da semana. Mas tal coisa jamais poderá ser feita, porque, de acordo com as Escrituras, o sábado termina antes de começar o primeiro dia da semana. Isso quer dizer que não importa quão cedo as pessoas chegarem ao primeiro dia da semana para guardá-lo; elas chegarão atrasadas para encontrar o sábado [Sabbath] nele, pois, segundo a Palavra do Senhor, o sábado termina antes de chegar o primeiro dia da semana.

Como se isso não bastasse, a ideia se faz ainda mais explícita no registro de Lucas 23:56 e 24:1, que diz:

> "Então, se retiraram para preparar aromas e bálsamos. E, no sábado, descansaram, segundo o mandamento. Mas, no primeiro dia da semana, alta madrugada, foram elas ao túmulo, levando os aromas que haviam preparado."

Aqui é declarado que certas pessoas descansaram no dia de sábado *de acordo com o mandamento*, e em seguida, no primeiro dia da semana, fizeram o que não fariam no sábado. Isso prova conclusivamente que o dia de descanso, segundo o mandamento que esses homens citaram, o qual se espera que os tribunais terão de interpretar quando este projeto se tornar uma lei –, sim, isso prova que o dia de descanso é o dia que antecede o primeiro dia da semana; e demonstra claramente que o sétimo dia nomeado no mandamento não é nada mais nada menos do que o sétimo dia da semana. Sendo assim, se os tribunais, ao interpretarem esse mandamento como base de uma lei dominical, declararem a lei como está escrita e conforme definida pela clara palavra de Deus, terão que declarar que o sétimo dia da semana, e não o primeiro, é o sábado.

    2. "Com relação a todas as leis, é a intenção do legislador que deve ser aplicada."

Qual então foi a intenção do Legislador ao dar o quarto mandamento? O Legislador declarou ou mostrou de alguma forma Sua intenção? Certamente que sim. Quando o Senhor deu a lei no Sinai, não a deixou à mercê das pessoas para que a interpretassem segundo suas conveniências, ou que não a interpretassem de forma alguma. Por meio de três atos especiais a cada semana, realizados continuamente por quase 40 anos, Ele mostrou Sua intenção na lei. O povo foi alimentado com o maná em sua peregrinação de 40 anos. Mas no sétimo dia da semana nenhum maná jamais caiu. No sexto dia da semana, havia uma porção dobrada, e o que era recolhido naquele dia era preservado para o sétimo dia, o que não ocorria em qualquer outro período, ou em qualquer outro dia da semana.

Por esse meio, o Legislador mostrou Sua intenção sobre a questão da observância desse dia mencionado na lei; e ao mantê-lo continuamente por tanto tempo diante do povo por meio desse milagre semanal, Deus tornou absolutamente impossível que Sua intenção fosse mal interpretada.

Portanto, se os tribunais dos Estados Unidos reconhecerem judicialmente o quarto mandamento, aceito por essas pessoas como a base e a autoridade para o movimento deles, de acordo com esta regra, o sétimo dia da semana, e não o primeiro dia, terá de ser declarado como o sábado – o dia de repouso cristão.

    3. "Quando as palavras são claras numa lei escrita, põe-se um fim a toda interpretação: elas devem ser seguidas."

Será que as palavras do quarto mandamento são claras? Sim. Não há nenhuma palavra obscura ou ambígua no mandamento.

Então, de acordo com essa regra, se isso vier a se tornar uma questão de competência judicial nos tribunais dos Estados Unidos, o sétimo dia da semana, e não o primeiro, terá de ser declarado o dia de descanso – o sábado. Isso é tudo o que os tribunais podem legitimamente declarar.

Portanto, a conclusão de todo o assunto discutido até agora é que, se nossos tribunais têm a intenção de permanecer como cortes de justiça e ser guiados pelas regras estabelecidas para a interpretação da lei, eles nunca poderão defender qualquer lei visando a imposição do dia de descanso ou do dia do Senhor no primeiro dia da semana.

A essa altura, contudo, há outro aspecto que precisa ser analisado: o teológico. Os teólogos intervêm exatamente neste ponto e declaram que a intenção do quarto mandamento foi alterada, e que agora, em vez desse mandamento exigir a observância do sétimo dia em memória da criação, ele requer a observância do primeiro dia da semana em memória da ressurreição de Cristo. Para chegar a essa conclusão, eles primeiramente declaram que a frase "o sétimo dia" no mandamento representa um tempo indeterminado, e que ele não ordena a observância de qualquer dia específico, mas apenas de um dia em sete. Mas tal interpretação não é apenas uma clara violação das regras estabelecidas para a interpretação das leis, mas também envolve uma apropriação de poder por parte deles que jamais pode ser permitida. Admitindo-se a hipótese de que essa frase no mandamento seja indefinida, então se deve admitir também que o Senhor, ao escrevê-la, a deixou intencionalmente indefinida, porque as Escrituras dizem que, após Deus ter falado essas palavras, Ele nada mais acrescentou. Ele não tinha mais nada a dizer sobre o assunto. O que Ele disse ali foi definitivo. Se, então, essa declaração é de fato indefinida, é assim que Ele pretendia que ela fosse; e ninguém a não ser Deus pode, ou tem o direito de tornar a expressão definida. Mas os teólogos, imediatamente após tornarem a frase indefinida com o intuito de escapar da obrigação de observar o sétimo dia especificada na frase, a tornam definida a fim de defender a suposta obrigação de guardar o primeiro dia da semana. Consequentemente, quando eles a tornam definida, depois de terem declarado que o Senhor a deixou indefinida, assumem então o poder e a prerrogativa de fazer o que o Senhor intencionalmente se recusou a fazer; e nisso se colocam acima de Deus.

Deixemos de lado suas conjecturas teológicas. Esse método de argumentação não é apenas uma alegação teológica de onipotência, mas, com base no direito, é uma violação da regra jurídica de que:

4. "Nenhuma interpretação forçada ou artificial deve ser imposta sobre a linguagem de um estatuto."

Tornar a frase "o sétimo dia" nesse mandamento indefinida, e fazê-la significar que se trata de qualquer dia em sete e não do sétimo dia em particular, nada mais é do que que impor uma interpretação forçada e artificial à linguagem, não somente do próprio mandamento como um todo, mas a toda a linguagem das Escrituras sobre o assunto do quarto mandamento.

Além disso, fazer com que o mandamento apoie a observância do primeiro dia da semana, em comemoração à ressurreição, não é apenas impor sobre ele uma interpretação forçada e antinatural, mas cometer uma violação direta de outra regra jurídica que declara:

5. "Não se deve fazer com que uma constituição [ou estatuto] signifique uma coisa em um momento e outra coisa em outro momento subsequente quando as circunstâncias tiverem mudado de tal forma que uma regra diferente possa parecer desejável [...]. O significado da constituição [ou estatuto] é fixado por ocasião de sua aprovação, e não é diferente em qualquer momento posterior quando algum tribunal precisar fazer uso dela."

Como já provei claramente, o significado do quarto mandamento, na ocasião em que foi dado, era que o sétimo dia da semana deveria ser guardado, pelo motivo de que Deus descansou nesse dia da obra da criação, e o abençoou e santificou. Aquele dia de sábado, por essa razão, foi estabelecido antes de o homem ter pecado, e antes de haver qualquer necessidade da ressurreição de Cristo. Se o homem nunca houvesse pecado, o dia teria sido observado pela razão dada, em comemoração ao descanso do Criador quanto à obra da criação. Sendo este o sentido do mandamento ao ser dado, esse também deve ser o significado do mandamento enquanto ele perdurar. E de acordo com a regra citada acima, não se pode dar ao mandamento qualquer outro significado, embora, para os teólogos que assim desejam, as circunstâncias referentes à ressurreição pareçam fazer disso algo desejável.

Aqui surge uma questão muito relevante: Será que o Congresso e os tribunais dos Estados Unidos irão acatar os desejos dos teólogos, e, em violação das regras jurídicas, irão se aventurar a fazer com que o estatuto de Deus tenha um significado que Ele nunca pretendeu lhe dar? Levando em conta essa reivindicação que atualmente é feita pelos teólogos, as palavras do Juiz Cooley em "Limitações Constitucionais", p. 67, são dignas de consideração pelo Congresso, bem como pelos juízes dos tribunais dos Estados Unidos. Ele diz:

> "Um tribunal legislativo que permitir que uma mudança de opinião pública o influencie a dar a uma constituição escrita uma interpretação não justificada pela intenção de seus fundadores seria, com justiça, acusável de desconsideração irresponsável ao juramento oficial e ao dever público."

Os teólogos têm dado ao quarto mandamento uma interpretação que, em sentido algum, é justificado pela intenção do Autor do mandamento. Eles vêm até o legislativo nacional e pedem que esta casa se permita ser influenciada por essas opiniões teológicas, para dar a essa constituição escrita do governo de Deus uma interpretação que não é justificada pela intenção do Fundador dessa constituição. Como o Juiz Cooley diz, tal coisa feita contra uma constituição humana, um estatuto terreno, seria tida como desconsideração irresponsável ao juramento oficial e ao dever público. Mas se isso é verdade no que tange a coisas totalmente humanas e terrenas, o que se poderia pensar de uma ação como essa cometida contra a constituição divina, a lei celestial?

Será que o legislativo nacional permitirá que essa postura teológica o influencie a praticar um ato referente à Constituição e às leis do Deus vivo, um ato que, se cometido com referência às leis dos homens, seria julgado como desconsideração irresponsável ao juramento oficial e ao dever público? Minha pergunta não é somente se o legislativo nacional está disposto a fazer isso. Mas pergunto também: Está o legislativo disposto também, ao fazê-lo, a forçar os tribunais dos Estados Unidos a sancionar tal lei em violação direta dos princípios mais claros de toda regra jurídica de interpretação de leis? Está o legislativo nacional disposto a dar o passo que transformaria todos os nossos tribunais de justiça em tribunais de teologia? Este seria o único resultado da promulgação de uma lei tal qual exigida pelos teólogos; pois quando a lei vier a ser interpretada pelos tribunais com base nos pressupostos sobre os quais esta lei se propõe a ser promulgada, o primeiro dia da semana como o sábado cristão nunca poderá ser sustentado pelas regras jurídicas ou pelos princípios de interpretação estabelecidos na lei. A única maneira pela qual ela possa de alguma forma ser mantida é mediante os princípios estabelecidos pelos teólogos e pelas preferências teológicas, em total desrespeito para com as regras da lei. E o resultado disso será nada menos do que transformar nossos tribunais de justiça em tribunais de teologia.

Mais do que isso, as Escrituras clara e logicamente mostram que o sétimo dia é o dia do Senhor. A própria expressão "o dia do Senhor" é usada somente uma vez na Bíblia, precisamente em Apocalipse 1:10: "Achei-me em espírito, no dia do Senhor". Mas esse texto não diz qual dia da semana é o dia do Senhor. Outros textos na Bíblia, contudo, falam sobre o assunto de forma tão clara que a lógica não nos deixa dúvidas quanto a que dia a expressão "O dia do Senhor" se refere. O Senhor mesmo disse: "De sorte que o Filho do Homem é senhor também do sábado" (Marcos 2:28).

O Senhor também disse: "O sétimo dia é o sábado". Aqui há duas nítidas declarações das Escrituras que podem formar as premissas de um silogismo:

Premissa Maior: O Filho do Homem é Senhor do sábado.

Premissa Menor: O sétimo dia é o sábado.

A única conclusão que pode ser tirada dessas premissas é: Portanto, o Filho do homem é Senhor do sétimo dia.

Essa conclusão é tão coerente quanto essas duas afirmações da Escritura; e essas duas declarações das Escrituras são tão claras e evidentes sobre esse assunto quanto quaisquer outras declarações que poderiam ser feitas. Formando outro silogismo, do qual a conclusão acima seja a premissa menor, temos o seguinte:

Premissa Maior: Qualquer que seja o dia do qual o Filho do Homem é Senhor, é o dia do Senhor.

Premissa Menor: O Filho do Homem é Senhor do sétimo dia.

Portanto, o dia do Senhor é o sétimo dia.

Essa lógica é inquestionável, e sua conclusão é tão verdadeira quanto as próprias Escrituras. Portanto, no momento em que os tribunais se encarregarem de interpretar qualquer estatuto que imponha a observância do dia do Senhor, e iniciarem uma investigação para saber qual é o dia do Senhor, esses tribunais, se quiserem seguir a lógica, terão que se deparar face a face com o fato, já demonstrado pela própria Palavra do Senhor, de que o sétimo dia, e não o primeiro, é o dia do Senhor.

Contudo, provavelmente será dito que os tribunais não devem se envolver com a interpretação das Escrituras; cabe a eles interpretar a lei como foi promulgada e como está escrita; e a lei, conforme promulgada, afirma que o primeiro dia da semana é o dia do Senhor, e os tribunais só podem ir até esse ponto. Suponhamos que esta seja de fato a realidade das coisas. Então, isso coloca o governo dos Estados Unidos numa posição em que ele estabelece uma instituição como sendo dada por Deus e obriga sua observância – instituição esta que o Senhor não somente não estabeleceu, mas que é diretamente contrária à clara palavra do Senhor sobre o assunto dessa instituição e sua observância.

Uma ou outra destas duas alternativas, consequentemente, o governo dos Estados Unidos será obrigado a adotar, caso adote este projeto de lei ou qualquer outro semelhante. Ou o governo terá de se tornar o intérprete oficial das Escrituras para todos os seus cidadãos, ou, terá de se colocar no lugar de Deus e declarar de modo impositivo que as observâncias estabelecidas pelo Estado, e aceitas como pertencentes a Deus, são, de fato, do Senhor, embora a Palavra do Senhor declare o contrário. Está o governo dos Estados Unidos disposto a assumir uma dessas posições? Está o Congresso dos Estados Unidos disposto a obrigar o Governo dos Estados Unidos a escolher uma dessas alternativas?

O fato de o Governo de nossa nação tomar uma dessas duas posições significaria, em pleno século XIX, nada menos do que assumir o lugar, o poder e as prerrogativas dos governos da Idade Média, que impunham os dogmas e definições dos teólogos e executavam a vontade arbitrária e despótica da igreja.

Assim, de qualquer ponto de vista que se possa ver o assunto relacionado a leis dominicais, nota-se de forma clara que, sem incluir o papado, não há qualquer autoridade para as leis dominicais, nem mesmo para a guarda do domingo; e que a única consequência que uma lei dominical nacional pode exercer será apenas maléfica, continuamente. Que o Congresso hoje e sempre se recuse de forma decidida e completa a se meter nesse assunto, no mínimo que seja; e que todo o povo, em vez de sancionar um movimento que lançará a legislação nacional ao nível degradado dos Estados nesse assunto, procure de todos os modos conduzir a legislação dos Estados àquele patamar elevado no qual ela seja limitada como o poder do Congresso é limitado pela declaração da Constituição Nacional que afirma que o Congresso "não fará nenhuma lei relacionada ao estabelecimento de uma religião, ou que proíba o seu livre exercício".

Agora, em nome do direito, constitucional e estatutário, moral e civil; em nome do esclarecimento e do progresso; em nome da razão e da revelação de Jesus Cristo, eu solenemente pergunto: Por que deveria o povo de uma nação como esta, vivendo sob uma constituição como a nossa, ser solicitado a voltar ao sistema papal da Idade das Trevas, que foi apenas o resultado inevitável do perverso sistema concebido em pecado, – "o homem do pecado" [2Ts 2:6], e revelado em iniquidade – "o mistério da iniquidade" [2Ts 2:7] – nos dias de Constantino? Por que deveria um povo como este, que vive sob a melhor Constituição e sob as mais iluminadas influências de todos os tempos, ser convidado a voltar ao perverso sistema que caracterizou a Idade Média?

Não, senhor. Os nobres homens que comprometeram suas vidas, riquezas e sua sagrada honra, ao estabelecerem nossa Constituição, separaram – como supunham – para sempre esta nação de todas as influências maléficas do sistema de igreja-estado das colônias, da Inglaterra e de todas as demais nações em todos os tempos. E sob essa Constituição, em verdadeira liberdade, civil e religiosa, em genuíno iluminismo e progresso, esta nação tem merecidamente permanecido como um farol no mundo por um século. Que esta esplêndida nação sempre continue a olhar para frente e não para trás; que ela mantenha o seu lugar de honra perante todas as nações, e não permita Deus que, por qualquer esforço como este que está sendo feito agora em favor desta lei dominical, esta nação gloriosa desça de seu elevado pedestal para seguir a trajetória papal.

Senhores, nenhum argumento a mais é necessário para mostrar que as leis dominicais de todos os Estados norte-americanos, e os princípios das decisões das Supremas Cortes que as sustentam estão totalmente errados, procedendo do princípio papal de união entre igreja e estado, e são apoiados pelo princípio igualmente antiamericano da onipotência do poder legislativo. Eles são totalmente subversivos aos princípios americanos. Contudo, as leis dominicais nunca foram e jamais poderão ser sustentadas com base em qualquer outro princípio. E isso equivale a declarar a suma de toda essa discussão: Não há nenhum fundamento na justiça, no direito, *ou mesmo na conveniência*, para a existência de qualquer lei dominical, ou leis do dia do Senhor, ou leis sabáticas, SOB QUALQUER GOVERNO NESTA TERRA.

Apêndice A

A União Americana do Sábado, em seus "Documentos Mensais", tentou fazer com que minha defesa diante da Comissão do Senado desse a impressão de que eu admitia o direito do governo de criar leis dominicais em favor do bem comum. O esforço foi feito pela Associação não somente em seus próprios documentos, mas também no *Our Day* [Nossos Dias], em que houve a reimpressão dos mesmos documentos e declarações. Para neutralizar a influência desse esforço, bem como para tornar este assunto ainda mais claro, se possível, e expor outro método que os promotores de leis dominicais empregam para assegurar apoio ao movimento deles, acrescento a seguinte carta aberta:

Carta Aberta

Ao Reverendo J. H. Knowles, Secretário da União Americana do Sábado.

Caro senhor: Nos documentos mensais da Associação Americana do Domingo, editados por V. Sª, o senhor escolheu acusar-me de insinceridade; e fez o melhor para criar a aparência de que "admito em todos os aspectos o que reivindicam todos os simpatizantes da lei do descanso dominical: que o governo tem o direito de criar leis dominicais para o bem do público em geral".

O senhor distorceu trechos do relatório do meu discurso perante a Comissão do Senado sobre a questão da lei dominical, e então colocou em *itálico* certas palavras e sentenças de determinado trecho na tentativa de fazer parecer que eu reconheço o direito do governo de criar leis dominicais para o bem comum.

O senhor citou do meu discurso as seguintes palavras e da seguinte forma:

> "Sempre que qualquer governo procurar impor qualquer coisa relacionada a um dos primeiros quatro mandamentos, ele invade a prerrogativa de Deus, e deve ser desobedecido (eu não digo resistido, mas desobedecido). [...] O Estado, em sua legislação, jamais poderá legislar corretamente no que diz respeito à fé religiosa de

qualquer homem, ou em relação a qualquer ponto dos primeiros quatro mandamentos do decálogo; *mas, se no exercício de suas convicções religiosas relacionadas aos primeiros quatro mandamentos ele invade os direitos do seu próximo, o governo civil dirá então que se trata de algo ilegal. Por quê? Por que é irreligioso ou imoral? De jeito nenhum;—mas porque é um ato incivil, e somente por essa razão.* [itálicos nossos – ED]"

Ao pôr em itálico essas palavras, ficou evidente o seu esforço em fazer parecer que eu admito aquilo que contínua e consistentemente neguei perante a comissão, e nego terminantemente em qualquer outro lugar. O senhor inseriu reticências na citação acima, indicando que uma porção foi omitida. E o senhor sabe muito bem que na porção excluída encontra-se o seguinte:

Senador Blair – Então o senhor se opõe a todas as leis dominicais do país?

Sr. Jones – Sim, senhor.

Senador Blair – O senhor é contra todas as leis dominicais?

Sr. Jones – Sim, senhor. Somos contrários a toda e qualquer lei dominical que já foi criada no mundo, desde a primeira promulgada por Constantino até esta proposta agora.

Senador Blair – Estadual e federal, da mesma forma?

Sr. Jones – Estadual e federal, senhor.

E não só estavam ali essas palavras, mas no trecho que o senhor publicou logo após as palavras em itálico, o senhor mesmo relatou minha categórica negação do direito de 999 pessoas de um grupo de 1.000 obrigarem o milésimo homem a descansar no dia em que a maioria descansa, como se segue:

Senador Blair – 'A maioria tem o direito de governar naquilo que diz respeito à ordem da sociedade, e se César controla a sociedade, então a maioria tem o direito nesse país de dizer o que daremos a César.

Sr. Jones – 'Se 999 pessoas de cada 1.000 nos Estados Unidos guardassem o sétimo dia, ou seja, o sábado, e eu considerasse ser minha escolha e direito de guardar o domingo, então eu iria insistir nisso, e eles não teriam qualquer direito de me obrigar a guardar o sábado'.

Senador Blair – 'Em outras palavras, você assume a posição de que, para o bem da sociedade, *não importando o aspecto religioso em questão*, a sociedade não pode exigir abstinência do trabalho no dia de repouso, mesmo que isso perturbe os outros?'

Sr. Jones – 'Não, Senhor'.

Senador Blair – 'Você é lógico durante todo o seu argumento de que não deve haver nenhum dia de repouso'.

Minha última expressão, em que digo "não, senhor", representa minha resposta à pergunta do Senador Blair se a sociedade não pode exigir abstinência do trabalho no dia de descanso. Minha resposta ali significa – e essa foi a intenção dela quando a disse – que a sociedade *não pode* fazer isso. Sobre a questão de perturbar os outros, eu já tinha acabado de provar que as ocupações comuns daqueles que escolhem trabalhar no domingo, ou em qualquer outro dia, não perturbam, nem podem perturbar, o descanso da maioria que escolhe descansar naquele dia.

Outro ponto: um pouco mais adiante, o senhor publica outro trecho onde se encontram as seguintes palavras:

Senador Blair – 'Você aboliria qualquer tipo de sábado da prática humana que possa existir em forma de lei, a menos que o indivíduo aqui e ali achasse apropriado observá-lo?'

Sr. Jones – Sem dúvida, pois essa é uma questão a ser decidida entre o homem e seu Deus.

Agora, gostaria de entender como o senhor, fazendo uso de um documento mensal ou algum outro meio, dos quais se esperam argumentos sólidos e propósito sincero, consegue, até recorrendo a itálicos, fazer com que eu reconheça o direito do governo de criar leis dominicais para o bem comum. O senhor sabe que naquele discurso eu declarei distintamente que qualquer lei humana visando à imposição de qualquer dia de descanso, em vez de ser "para o bem da sociedade, é para sua ruína".

E mais: O senhor tem consciência, pois está impresso em um de seus documentos, de que o Senador Blair me disse: "Você é lógico durante todo o seu argumento de que não deve haver nenhum dia de repouso". O senhor está ciente também de que, em outro lugar, ele me disse novamente: "Você está sendo inteiramente lógico, pois afirma que não deveria haver nenhuma legislação dominical feita pelo Estado, nem pela nação".

Senhor, agora repito: você me acusou de insinceridade. Qualquer um que faça esse tipo de acusação deve ser sincero. Portanto, será que o senhor poderia me explicar em que princípio o senhor baseia a sinceridade que alega ter nessa discussão, quando, mesmo diante dessas positivas e explícitas declarações contrárias e diante da confirmação do Senador

Blair quanto a elas, o senhor deliberadamente procura impor em minhas palavras um significado que nunca existiu ali, que jamais pretendi que ali estivesse, e que, de forma honesta, jamais poderia ser atribuído a elas?

Mais do que isso: É difícil imaginar que o Senador Blair vai ter em alta estima o elogio que o senhor lhe faz quanto ao seu discernimento lógico, se levarmos em conta que, mesmo diante do fato de ele declarar repetidamente que fui lógico durante toda minha defesa, o senhor impõe às minhas palavras um significado cujo único efeito seria o de me fazer ilógico em toda a minha argumentação.

Não faço objeções ao fato de o senhor ter publicado minhas palavras da forma como foram ditas; mas veementemente me oponho ao fato de o senhor ter dado a elas um significado completamente contrário ao próprio significado das palavras que usei e à intenção que tinha ao usá-las. Além disso, faço objeções ao fato de o senhor ter torcido minhas declarações de tal forma que lhe foi possível colocar nelas um significado que honestamente nunca poderia se sustentar.

Naquele discurso eu também disse que, se uma pessoa idólatra neste país tentasse oferecer um sacrifício humano, o governo deveria proteger a vida de seu cidadão da prática da religião dessa pessoa. Disse também que a pessoa tem o direito de adorar qualquer ídolo que quiser, mas que não tem o direito de cometer assassinato no culto a seu ídolo, e o Estado proíbe o assassinato sem qualquer referência à religião dessa pessoa, ou se ela adora ou deixa de adorar, sem qualquer referência ao mandamento que proíbe a adoração de ídolos, e sem a mínima intenção de proibir sua idolatria. Declarei também que se alguém alegar que, pelo exemplo apostólico, devemos compartilhar nossas propriedades em comunidade, e que, para levar a efeito essa prática, ele se apossar de sua ou minha propriedade sem nosso consentimento, eu disse que o Estado proibiria esse roubo sem qualquer referência a opiniões religiosas ou sem qualquer intenção de proibir a prática de compartilhamento de propriedades. O senhor sabe que foi em referência direta a essas palavras que usei o texto que o senhor frisou em itálico. Ali nego categoricamente que o Estado possa ter o direito de legislar em relação a qualquer matéria envolvendo os quatro primeiros mandamentos do Decálogo. Mas se alguém, no exercício dos seus direitos sob os quatro primeiros mandamentos, e nesse caso sob o quarto mandamento, viesse a invadir o direito do seu próximo, como já me expressei, colocando em risco sua vida, liberdade, propriedade ou atacando seu caráter, ou ainda invadindo seus direitos de alguma forma, então o governo tem o direito de proibir essa prática por causa da incivilidade; mas sem qualquer pergunta se o homem é religioso ou não, e nunca com o propósito ou o pensamento de proibir o livre exercício do direito de qualquer homem de trabalhar em qualquer dia ou em todos os dias, conforme ele escolher.

Isso é precisamente o que cada Estado desta União faz por meio de estatutos que punem pessoas que perturbam cultos religiosos, reuniões religiosas ou assembleias pacíficas de qualquer tipo. Mas há uma grande diferença entre estatutos como esses e os que o senhor deseja que sejam promulgados. Estes são estatutos estritamente civis que proíbem a incivilidade e estão longe de qualquer coisa que se assemelhe à imposição de observâncias religiosas. Os promotores de leis dominicais se queixam de distúrbios causados a sua adoração no domingo. Se são sinceros nisso, por que eles não cobram o cumprimento das leis que já existem em seus livros de estatutos proibindo a perturbação de cultos? Na Califórnia, por exemplo, é proibida a perturbação da adoração, sob penalidade de uma multa de 500 dólares e seis meses de prisão. Mas em vez de exigir a aplicação dessas leis legítimas, o senhor propõe a proibição da perturbação da sua adoração no domingo, obrigando todos a guardar o domingo. Com base nesse mesmo princípio, o senhor adotaria também a postura de que o Estado deveria proibir a oferta de sacrifícios humanos por um idólatra, obrigando-o a guardar o segundo mandamento. Em resumo, o princípio é que o senhor gostaria que o Estado proibisse a incivilidade obrigando todos a ser religiosos. E o senhor está tão fascinado com essa visão distorcida que escolheu em sua sinceridade e mediante o uso de *itálicos* forçar-me a sancionar este princípio pernicioso. Mas a estratégia não funcionará. Como digo sempre, se seu culto é perturbado no domingo ou em qualquer outro momento, que o Estado puna a pessoa ou pessoas que criam o distúrbio. Que o Estado os puna mediante legítimos estatutos como os que os Estados já possuem sobre o assunto. Porém, que o estado nunca tente proibir distúrbios a cultos obrigando as pessoas a participar de cultos religiosos, nem tente proibir a incivilidade mediante a imposição de observâncias religiosas. Era isso o que eu tinha em mente, e precisamente o que tive intenção de transmitir nas palavras que o senhor colocou em itálico.

Tudo isso é confirmado pela argumentação que apresentei, na qual, imediatamente após as palavras que o senhor colocou em itálico, provei que o trabalho no domingo não perturba o descanso ou a adoração daqueles que guardam o domingo. E a conclusão disso, portanto, é que não existe base para as leis dominicais com esse pretexto. Provo isso pelo fato de que as pessoas que estão pleiteando por leis dominicais com base nesses argumentos não admitem por um instante sequer que o trabalho no sábado perturba o descanso ou a adoração das pessoas que guardam o sábado do sétimo dia. Em minha defesa mostrei que, se seu trabalho no sábado não perturba meu descanso ou minha adoração, meu trabalho no domingo não pode perturbar o seu descanso ou sua adoração. Não expressei esse argumento apenas como um princípio, mas por experiência própria. Em minha experiência de 15 anos, sei que o trabalho de outras pessoas no sábado não perturba nem meu descanso nem minha adoração nesse dia. Existem adventistas do sétimo dia em cada Estado e Território desta nação, no Canadá, bem como em quase todos os países da Europa, nas Ilhas Sandwich, na Austrália, na América do Sul, na China, na África do Sul e em outros lugares. Todos eles descansam a cada sábado; todos eles guardam o sétimo dia como o dia de descanso para com Deus. Mas, até o momento, ninguém jamais ouviu falar de um adventista do sétimo dia que alguma vez se queixou de que seu descanso no sábado foi perturbado pelo trabalho de outras pessoas. Para mostrar como isso é uma realidade, os adventistas do sétimo dia têm organizado igrejas na grande maioria dos Estados e Territórios desta União. Essas igrejas são encontradas em áreas rurais, nas aldeias e em pequenas e grandes cidades. Eles se encontram para adorar a cada sábado, embora, como todos sabem, o sábado seja o dia mais agitado da semana. Apesar disso, essas igrejas de adventistas do sétimo dia se reúnem regularmente para adorar em meio a cidades agitadas como Chicago, Denver, São Francisco, Minneapolis e Kansas City. Até o momento, ninguém jamais ficou sabendo de algum adventista do sétimo dia que tenha se queixado de que sua adoração foi perturbada pelo trabalho, os negócios, ou o transporte realizados por outras pessoas nesse dia. O fato é que nossa adoração *não* é perturbada por essas coisas.

Agora, senhor, se todo o trabalho, os negócios e a movimentação típicos do dia de sábado, o dia considerado por todos como o mais agitado e corrido da semana, se tudo isso, em cidades como as que citei, não perturba nosso descanso ou nossa adoração, o senhor poderia, por favor, explicar como é que o seu descanso e a sua adoração são perturbados no domingo, quando não há um milésimo de todo o trabalho, comércio ou movimentação que acontece no sábado?

Isso, caro senhor, é apenas um argumento adicional, mas que se baseia na experiência de vida de milhares de pessoas a cada sétimo dia, mostrando de forma conclusiva que toda a sua teoria e reivindicação por leis dominicais se despedaçam por completo em cada ponto.

ALONZO T. JONES.

APÊNDICE B

A seguinte carta, enviada pelo Cardeal Gibbons para o Sr. D. E. Lindsey de Baltimore, revela, pelo próprio cardeal, que a inclusão de todos os católicos romanos do país favorecendo a Lei Dominical pelo simples endosso do cardeal, conforme o Dr. Crafts e a União de Temperança Cristã da Mulher o fizeram, foi totalmente injustificável. Foi exatamente como argumentei diante da Comissão do Senado e como temos argumentado em todos os lugares. Nunca culpamos o Cardeal Gibbons por aquilo que o Dr. Crafts e a União de Temperança Cristã da Mulher atribuíram a ele.

"RESIDÊNCIA DO CARDEAL, 408 NORTH CHARLES ST.
BALTIMORE, Maryland, 27 de fevereiro de 1889.

"Meu caro senhor: em resposta a sua solicitação datada de 25 de fevereiro de 1889, devidamente recebida por nós, Sua Eminência, o Cardeal Gibbons, pediu-me para lhe escrever dizendo que, qualquer que seja o apoio que Sua Eminência tenha dado à "lei dominical", apresentada em sua solicitação, uma vez que ele não tinha tal autoridade, ele, da mesma forma não tinha a intenção de incluir arcebispos, bispos ou os leigos católicos dos Estados Unidos. Sua Eminência me pede para dizer a você que ele foi movido a escrever uma carta favorecendo a aprovação do projeto de lei, principalmente por considerar o descanso e a recreação que adviriam a nossos pobres concidadãos sobrecarregados de trabalho, como também a facilidade que lhes seria proporcionada para a observância do domingo de forma religiosa e apropriada.

"É incorreto supor que Sua Eminência, conforme as supostas palavras do Senador Blair apresentadas em sua solicitação, 'assinou o projeto de lei, dessa forma garantindo que sete milhões e duzentos mil católicos estavam endossando o projeto de lei.'"

"Tenho a honra de continuar, respeitosamente, à sua disposição."

J. P. DONAHUE, *Chanceler.*

"Para D. E. Lindsey, Esq. 708 Rayner Avenue, Baltimore, Maryland."

ADVENTIST PIONEER LIBRARY

Para maiores informações, visite:
www.APLib.org
www.EditoraDosPioneiros.com.br

ou escreva para:
contact@aplib.org
contato@editoradospioneiros.com.br